지음 | TV생물도감

어려서부터 다양한 생물에 관심이 많아 자연 속의 생물을 관찰하며 시간을 보내는 것을 좋아했어요. 이러한 생물에 관한 관심을 바탕으로 생명과학과를 졸업하고 생물 연구소에서 근무했어요. 최근엔 다양한 생물을 생생한 영상으로 소개하고자 TV생물도감이라는 유튜브 채널을 운영하고 있어요. TV생물도감은 말 그대로 '책으로만 접하는 생물도감'이 아닌 'TV로도 볼 수 있는 생물도감'이라는 뜻이에요. 현재는 수십만 명에 달하는 구독자를 보유하고 있답니다.
다양한 분야의 생물을 좋아해서『TV생물도감의 신비한 바다 생물』을 쓰기도 했어요! 요즘에는 개성 만점 매력을 가진 곤충을 관찰하고 키우는 재미에 푹 빠져 있어요!

그림 | 유남영

만화과를 졸업하고 캐릭터 디자이너와 일러스트레이터로 활동 중입니다.『TV생물도감의 신비한 바다 생물』,『에그박사의 닮은꼴 사파리』,『지구에서 절대로 사라지면 안 될 다섯 가지 생물』,『지지리궁상 밴드독』,『똑똑한 한자, 속담 교과서』등 많은 책에 멋진 그림을 그렸습니다.

지은이 TV생물도감 | 그린이 유남영
펴낸이 정규도 | 펴낸곳 (주)다락원

초판 1쇄 발행 2022년 9월 30일
　　3쇄 발행 2024년 8월 28일

편집 김가람 | 디자인 Aapaper
다락원 경기도 파주시 문발로 211

내용문의 (02) 736-2031 내선 277 | 구입문의 (02) 736-2031 내선 250～252 | Fax (02) 732-2037
출판등록 1977년 9월 16일 제406-2008-000007호

Copyright ⓒ 2022, TV생물도감

저자 및 출판사의 허락 없이 이 책의 일부 또는 전부를 무단 복제·전재·발췌할 수 없습니다. 구입 후 철회는 회사 내규에 부합하는 경우에 가능하므로 구입문의처에 문의하시기 바랍니다. 분실·파손 등에 따른 소비자 피해에 대해서는 공정거래위원회에서 고시한 소비자 분쟁 해결 기준에 따라 보상 가능합니다. 잘못된 책은 바꿔 드립니다.

ISBN 978-89-277-4782-6　73490

http://www.darakwon.co.kr
다락원 홈페이지를 통해 인터넷 주문을 하시면 자세한 정보와 함께 다양한 혜택을 받으실 수 있습니다.

다락원 유아 어린이 블로그에 놀러 오세요.

TV 생물도감의 유별난 곤충 세계

TV생물도감 지음 | 유남영 그림

다락원

머리말

안녕, 친구들!
내 이름은 TV생물도감이야.
줄여서 생도라고 불러 줘!
나는 유튜브에서 다양한 생물을 소개하는
'TV생물도감'이라는 채널을 운영하고 있어.
요즘은 개성 만점 매력을 가진 곤충을 관찰하고
키우는 재미에 푹 빠져 있어~

지구상의 모든 생물 가운데 약 3/4이 곤충으로 분류돼요. 이는 10종의 생물 중 무려 7종이 곤충이라는 뜻이에요. 그만큼 세상에는 우리가 잘 아는 친숙한 곤충부터 미지의 곤충까지 아주 다양한 곤충들이 살아가고 있어요. 전 세계적으로 발견된 곤충만 80만 종 이상이고, 그중 우리나라에서 발견된 것만 2만 종이 넘을 정도죠. 우리나라에서 발견된 조류가 500여 종, 민물고기가 200여 종인 것과 비교하면 엄청난 숫자죠? 이렇듯 곤충은 크기가 작고, 겉으로 잘 보이지 않을 뿐 우리 주변 여기저기에서 살아가고 있어요. 산과 들은 물론 물속까지 곤충 친구들이 살지 못하는 곳은 거의 없죠.

하지만 안타깝게도 이렇게 신기하고 매력적인 곤충을 선입견 때문에 그저 징그럽고 위험한 존재로만 생각하는 사람들이 많아요. 곤충은 많은 개체 수와 다양성만큼 생태적으로 중요한 가치를 가져요. 또한, 최근에는 식용, 약용, 친환경농법 등에 이용되며 산업적으로도 크게 주목받고 있어요. 이처럼 소중한 곤충들을 보존하기 위해서는 많은 사람의 관심이 필요해요. 게다가 곤충 친구들은 한번 빠지면 헤어 나올 수 없는 마성의 매력을 가지고 있어요!

자, 그럼 생물도감과 함께 전국 각지의 신기한 곤충을 찾아 떠나 볼까요?

2022년, TV생물도감

잠깐! 읽고 가세요

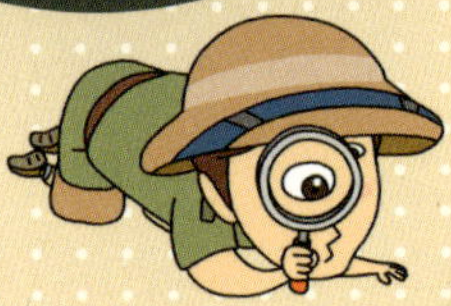

QR코드를 찍어 영상으로 살아 움직이는 곤충을 만나 보세요!

귀여운 그림과 함께 곤충 친구들의 생김새와 특징을 한눈에 알아보아요!

곤충 친구들의 활동 시기와 먹이를 알아 두는 건 필수겠죠?

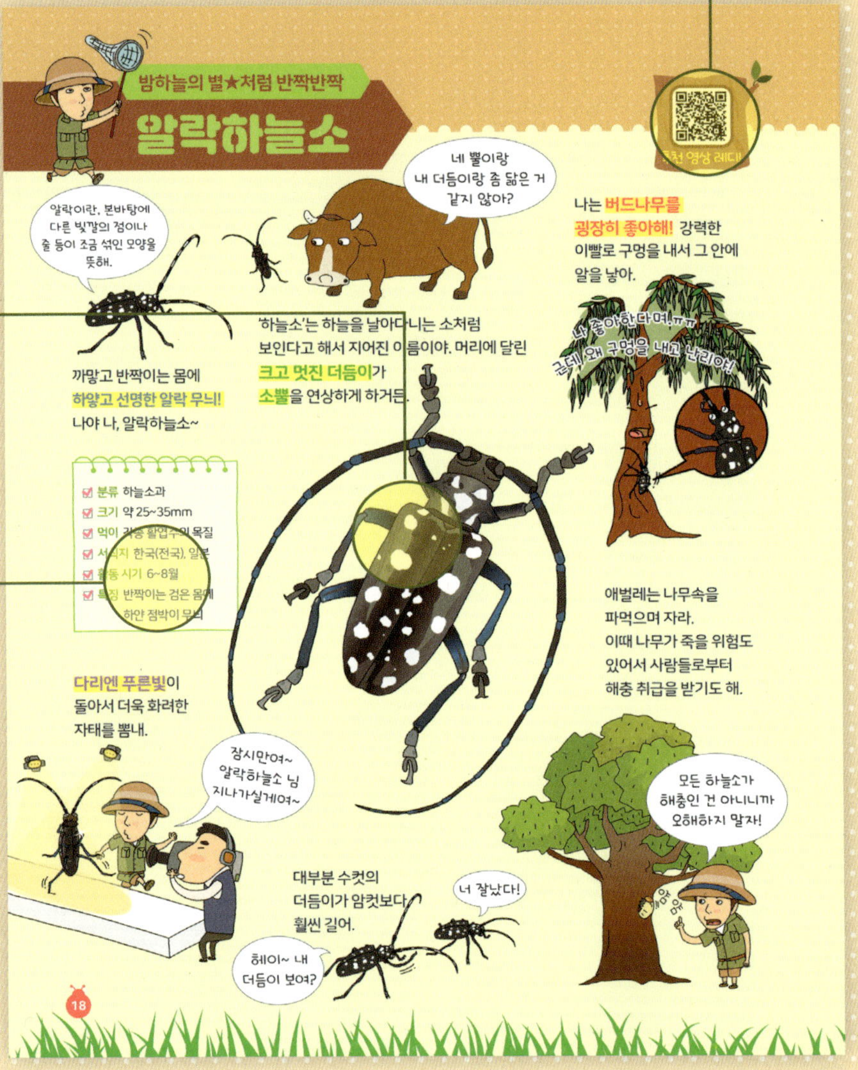

생도와 함께 곤충을 찾으러 떠나 보아요!

법적인 기준으로 채집이 가능한 곤충은 "곤충 채집 Live"로, 법적인 기준에서 채집이 불가능한 보호종은 "곤충 관찰 On Air"로 표기 되어 있어요!

보호종은 채집할 시 경우에 따라 처벌 받을 수 있으니 모두 주의하자고요!

플라스틱 장난감같이 딱딱하고 반짝이는 갑옷을 입고 있는 알락하늘소! 얼마나 반짝이는지 확인하러 가 볼까요?

TV생물도감의 곤충채집 LIVE

알락하늘소는 아파트 단지나 공원의 나무 등 우리 주변에서도 쉽게 볼 수 있어요.

오늘은 우리 집 근처 나무를 살펴볼까?

만화를 통해 곤충을 관찰하고 채집하는 과정을 생생하게 체험할 수 있어요!

도심지나 공원에서 버드나무 혹은 사시나무를 찾아보세요. 나무에서 알락하늘소가 빠져나온 구멍(탈출공)을 발견한다면 이들을 만날 확률이 높아져요.

바로 이 구멍이 알락하늘소가 나무속에서 빠져나온 흔적이에요.

생물도감 TIP

알락하늘소를 꼭 빼닮은 유리알락하늘소! 딱지날개에 돌기가 있으면 알락하늘소, 돌기 없이 매끈하면 유리알락하늘소랍니다.

알락하늘소   유리알락하늘소

채집 포인트

물리면 굉장히 아프니 반드시 주의하세요!

난이도 ★★☆☆☆

마지막으로, "채집 포인트"도 놓치지 마세요!

미리 알면 좋은 용어 사전

책에서 자주 만나게 될 용어들이에요.

대발생 곤충이 넓은 면적에 한꺼번에 많이 발생하는 일

령 애벌레의 나이를 세는 단위

부엽토 풀이나 낙엽 따위가 썩어서 된 흙

성충 다 성장하여 생식 능력이 있는 곤충. 어른벌레.

수액 나무에서 분비하는 점도 있는 액체

야행성 밤에 활동하는 습성

약충 불완전 변태를 하는 곤충의 애벌레

유충 완전 변태를 하는 곤충의 애벌레

주행성 낮에 활동하는 습성

활엽수 잎이 평평하고 넓은 나무의 종류.
예) 떡갈나무, 뽕나무, 오동나무 등

곤충을 찾으러 떠날 때 꿀팁!

☞ 구두와 치마처럼 불편한 옷은 안 돼요!
날씨와 장소에 맞게 편한 옷차림을 갖추도록 해요.
햇빛을 가리는 모자와 발이 편한 운동화는 필수!

☞ 야행성 곤충을 관찰하러 밤에 나갈 경우 반드시 보호자와 동행하세요!
혼자는 위험해요.

추천사

벌써 TV생물도감의 두 번째 도감이 나왔네요!

에그박사가 제일 좋아하는 곤충 도감이라 더 기대됩니다!

여러 가지 **곤충을 그림으로 한눈에 볼 수 있어서** 흥미진진합니다.

에그박사도 이 책으로 공부해서 더 멋진 박사가 될 거예요!

★ 에그박사 ★

생물 유튜버들도 배우려고 구독하는 TV생물도감!

이 책 하나면 누구나 곤충들을 쉽고 재밌게 배울 수 있습니다!

강력 추천!

★ 헌터팡 ★

이 책을 접한 뒤 우리 삶 속에서 자연이 얼마나

소중한 의미를 가지는지 다시 한번 생각해 보게 되었습니다.

이것이야말로 진정한 유레카!

★ 다흑 ★

차례

머리말 4
잠깐! 읽고 가세요 6
미리 알면 좋은 용어 사전 8
추천사 9

① 나무에서 찾아보아요!

참나무하늘소 16
알락하늘소 18
루리하늘소 20
새똥하늘소 22
벚나무사향하늘소 24
비단벌레 26
참매미 28
큰광대노린재 30
왕거위벌레 32
대벌레 34
사슴벌레붙이 36

2 수액에서 찾아보아요!

사슴벌레 40
넓적사슴벌레 42
왕사슴벌레 44
두점박이사슴벌레 46
장수풍뎅이 48
사슴풍뎅이 50
풍이 52
흰점박이꽃무지 54
장수하늘소 56
왕오색나비 58
왕바구미 60
장수말벌 62

3 풀과 꽃에서 찾아보아요!

호랑나비 66
제비나비 68
배추흰나비 70
붉은점모시나비 72
왕나비 74
늦반딧불이 76
무당벌레 78
왕사마귀 80
남색초원하늘소 82

4 물가에서 찾아보아요!

물방개 86
물장군 88
게아재비 90
소금쟁이 92
장수잠자리 94
한국꼬마잠자리 96
광릉왕모기 98

5 땅바닥에서 찾아보아요!

남가뢰 102
홍단딱정벌레 104
폭탄먼지벌레 106
개미귀신 108
길앞잡이 110
둥글장수풍뎅이 112
땅강아지 114
큰조롱박먼지벌레 116

똥에서 찾아보아요!

왕소똥구리 **120**
뿔소똥구리 **122**
긴다리소똥구리 **124**
보라금풍뎅이 **126**
은판나비 **128**

조명에서 찾아보아요!

긴꼬리산누에나방 **132**
참나무산누에나방 **134**
왕물결나방 **136**
톱사슴벌레 **138**
다우리아사슴벌레 **140**
수염풍뎅이 **142**
영양사슴하늘소 **144**
검정송장벌레 **146**

잘근잘근, 모조리 씹어 먹어 줄 테다!
참나무하늘소

밤하늘의 별★처럼 반짝반짝,
알락하늘소

비현실적인 색감의 전설적인 곤충!
루리하늘소

새똥을 흉내 내는 곤충,
새똥하늘소

향긋한 냄새가 폴폴~,
벚나무사향하늘소

신라 시대 보석 장신구,
비단벌레

맴맴~♪ 여름이 오는 소리,
참매미

화려함의 끝판왕,
큰광대노린재

정교한 숲속의 재단사,
왕거위벌레

위장술의 달인,
대벌레

14가지 소리로 노래한다!
사슴벌레붙이

나무에서 찾아보아요!

우리나라의 하늘소 중 두 번째로 커다란
참나무하늘소!
이 친구를 만나려면 어떻게 해야 할까요?

5월~8월 사이에 따뜻한 남해안 지역의 활엽수림이 우거진 숲을 찾아가 보아요!

드디어 숲에 도착했어요! 그런데 이 친구들은 야행성 곤충이라 낮에는 발견하기가 어려워요. 아쉽지만 밤이 되길 기다려야겠어요.

숲속에 어둠이 내리고 드디어 참나무하늘소가 활동할 시간이에요! 집중해서 참나무하늘소를 찾아보아요!

생물도감 TIP

참나무하늘소는 불빛이 있는 쪽으로 잘 날아와요. 운이 좋다면 주유소나 가로등 불빛 아래에서 의외로 쉽게 만날 수도 있어요.

채집 포인트 — 숲속에서 만날 확률보다 불빛 아래에서 만날 확률이 높은 건 안 비밀! 난이도 ★★★☆☆

밤하늘의 별★처럼 반짝반짝
알락하늘소

추천 영상 레디!

알락이란, 본바탕에 다른 빛깔의 점이나 줄 등이 조금 섞인 모양을 뜻해.

네 뿔이랑 내 더듬이랑 좀 닮은 거 같지 않아?

나는 **버드나무를 굉장히 좋아해!** 강력한 이빨로 구멍을 내서 그 안에 알을 낳아.

'하늘소'는 하늘을 날아다니는 소처럼 보인다고 해서 지어진 이름이야. 머리에 달린 **크고 멋진 더듬이**가 **소뿔**을 연상하게 하거든.

나 좋아한다며! ㅠㅠ 근데 왜 구멍을 내고 난리야!

까맣고 반짝이는 몸에 **하얗고 선명한 알락 무늬!** 나야 나, 알락하늘소~

- ☑ 분류 하늘소과
- ☑ 크기 약 25~35mm
- ☑ 먹이 각종 활엽수의 목질
- ☑ 서식지 한국(전국), 일본
- ☑ 활동 시기 6~8월
- ☑ 특징 반짝이는 검은 몸에 하얀 점박이 무늬

애벌레는 나무속을 파먹으며 자라. 이때 나무가 죽을 위험도 있어서 사람들로부터 해충 취급을 받기도 해.

다리엔 푸른빛이 돌아서 더욱 화려한 자태를 뽐내.

잠시만여~ 알락하늘소 님 지나가실게여~

대부분 수컷의 더듬이가 암컷보다 훨씬 길어.

너 잘났다!

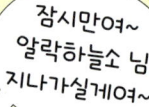

헤이~ 내 더듬이 보여?

모든 하늘소가 해충인 건 아니니까 오해하지 말자!

플라스틱 장난감같이 딱딱하고 반짝이는
갑옷을 입고 있는 알락하늘소!
얼마나 반짝이는지 확인하러 가 볼까요?

알락하늘소는 아파트 단지나 공원의 나무 등 우리 주변에서도 쉽게 볼 수 있어요.

오늘은 우리 집 근처 나무를 살펴볼까?

도심지나 공원에서 버드나무 혹은 사시나무를 찾아보세요. 나무에서 알락하늘소가 빠져나온 구멍(탈출공)을 발견한다면 이들을 만날 확률이 높아져요.

바로 이 구멍이 알락하늘소가 나무속에서 빠져나온 흔적이에요.

생물도감 TIP

알락하늘소 / 유리알락하늘소

알락하늘소를 꼭 빼닮은 유리알락하늘소!

딱지날개에 돌기가 있으면 알락하늘소, 돌기 없이 매끈하면 유리알락하늘소랍니다.

채집 포인트 물리면 굉장히 아프니 반드시 주의하세요!

난이도 ★★☆☆☆

비현실적인 색감의 전설적인 곤충!
루리하늘소

추천 영상 레디!

혹시 너도 민초단?! 내 민트색은 어때?

난 얼마 전까지만 해도 잘 알려지지 않은 **미지의 곤충**이었어.

넌 어느 별에서 왔니?

죽은 나무는 우리의 핫한 데이트 명소!

우리는 큰 산 계곡 주변의 죽은 나무에 붙어 짝짓기를 해.

믿기지 않을 만큼 화려한 색! 이 색 때문에 일본어로 보석(청금석)을 뜻하는 '루리'라는 이름이 붙여졌어.

하늘색 혹은 청록색의 밝고 아름다운 몸에 **검은 무늬**가 특징이야!

나무껍질 사이나 갈라진 틈새, 그리고 곤충들이 만들어 놓은 구멍 속에다 **산란관**을 꽂고 알을 낳아.

반짝반짝 루리하늘소~ 아름답게 빛나네~

화려한 색상과 높은 곳에서 날아다니는 습성 때문에 새들에게 자주 잡아먹히기도 해.

꾸엑! 덥썩

산란관은 곤충의 배 끝에 발달한 알을 낳는 기관이야.

- 분류 하늘소과
- 크기 약 15~35mm
- 먹이 유충 죽은 활엽수의 목질
  성충 알려지지 않음
- 서식지 한국, 중국, 러시아
- 활동 시기 6월 말~8월 초
- 특징 하늘빛에 흑색 무늬

10년 전만 해도 잘 알려지지 않았던 전설의 보석 곤충 루리하늘소!
신비한 친구를 만나러 떠나 보아요! 고고~

루리하늘소는 산지에 살고, 개체 수도 매우 적어서 쉽게 만나기는 어려워요. 그래도 열심히 찾아본다면 만날 수 있으니 지금부터 집중!

"루리하늘소를 만나려면 깊은 산속으로 들어가야 해요! 팔로 팔로 미~~"

설악산, 오대산, 지리산 등 규모가 큰 산의 계곡 주변에서만 발견돼요. 죽은 나무에서 자주 발견되는데, 이곳에서 짝을 찾고 알을 낳기 때문이에요.

"계곡 주변 말라 죽어 있는 나무를 유심히 살펴봐야 해요!"

"눈으로만 보아야 예쁘다…. 너도 그렇다."

루리하늘소의 화려한 생김새로 인해 무분별한 채집이 늘고 있어요. 하지만 개체 수가 적은 루리하늘소의 미래를 위해서 최대한 눈으로만 관찰하는 게 좋겠죠?

관찰 포인트 큰 산 계곡 주변의 말라 죽은 나무를 놓치지 마세요!

난이도 ★★★★☆

새똥을 흉내 내는 곤충
새똥하늘소

동공
지진

옥! 똥이 움직이다니, 이게 무슨 일이야~

새똥하늘소라는 이름은 크기부터 생김새 그리고 무늬까지 새똥을 쏙 빼닮아서 붙여졌어.

천적인 새의 똥을 흉내 냄으로써 오히려 새들의 관심을 피하는 똑똑한 방법을 선택했지.

웩; 똥이다! 더러워.

사사삭...

새똥이 살아서 움직인다! 이게 대체 어떻게 된 일이냐고?

나, 새똥하늘소. 새똥 흉내에 진심인 편…. 훗.

풋-!ㅋㅋ

1cm도 안 되는 미니미네~

내 몸은 1cm도 되지 않을 만큼 아주 작아. 그래도 하늘소의 특징인 긴 더듬이 한 쌍은 잘 보이지?

나는 평생 너만 있으면 돼♥

두릅나무 바라기♥

- 분류 하늘소과
- 크기 약 6~8mm
- 먹이 유충 두릅나무의 목질
  성충 두릅나무의 새순
- 서식지 한국(전국), 일본, 중국 등
- 활동 시기 3~5월
- 특징 새끼손톱만큼 작은 크기와 새똥을 닮은 생김새

나는 우리나라의 하늘소 중 가장 먼저 봄을 알려. 3월부터 내가 두릅나무 새순을 먹는 모습을 볼 수 있어.

봄바람 휘날리며~♪ 새똥하늘소가 있는 걸 보니 봄이로구나~

냠 냠

난 두릅나무에서 끼니를 먹고, 짝짓기하고, 또 산란도 하는 두릅나무 바라기야.

작아도 너무 작은 새똥하늘소!
새똥하늘소가 정말 새똥을 닮았는지
어디 한번 확인해 볼까요?

새똥하늘소를 만나려면
어디로 가야 할까요?
정답은 두릅나무입니다!
새똥하늘소는
두릅나무를 정말
좋아하거든요.

크기도 작을뿐더러 새똥을 흉내 내고 있기 때문에
눈에 잘 띄지 않아요. 뾰족뾰족 가시가 나 있는
두릅나무를 찾았다면 아~주 자세히 들여다보세요.

새똥하늘소는 두릅나무 새순이 자라는 꼭대기
쪽에 있을 확률이 높아요.

채집 포인트 두릅나무의 새순은 시골 마을 주변에서도 쉽게 찾을 수 있어요!   난이도 ★★☆☆☆

향긋한 냄새가 폴폴~
벚나무사향하늘소

추천 영상 레디!

산은 산이요~ 물은 물이로다~♪

벚나무에서 주로 발견되고 **몸에서 사향 같은 냄새가 나.**

요즘에는 머스크향이라고 많이들 말해!

여름철에 주로 **벚나무, 복숭아나무, 살구나무, 자두나무** 등에 붙어 있는 모습을 발견할 수 있어.

레몬 향 같기도 하고, 신기하다!

킁킁

하얀 팝콘 같은 벚꽃이 피는 벚나무! 다들 알지? 여기에 나, **벚나무사향 하늘소**가 살고 있어!

전체적으로 어두운데 가슴 부위는 붉고 강렬해. 몸의 표면은 아주 매끈하고 반짝반짝 광택이 돌아.

아우~ 움직이기 귀찮아.

- ☑ 분류 하늘소과
- ☑ 크기 약 30~38mm
- ☑ 먹이 벚나무, 복숭아나무, 자두나무 등
- ☑ 서식지 한국, 중국 등
- ☑ 활동 시기 6월 말~8월 초
- ☑ 특징 흑색 몸과 붉은색 가슴

하늘소를 상징하는 **긴 더듬이**가 매력적이야. 수컷의 더듬이는 몸보다 훨씬 더 길지만, 암컷의 경우 몸의 길이와 비슷한 정도야.

애벌레는 살아 있는 **나무의 목질을** 파먹고 살아가. 그래서 해충으로 분류되기도 해.

자세히 보니 암컷의 체형이 수컷보다 더 두껍네.

죄송해요. 먹고살려고 그랬어요.ㅠㅠ

나도 먹고살아야 하거든!?

가슴판의 붉은 포인트가 매력적인 벚나무사향하늘소를 만나러 떠나 봐요!

벚나무사향하늘소는 우리나라 전역에서 발견돼요. 성충은 6월 하순부터 8월까지 발견되지만 가장 활발히 활동하는 7월에 채집하는 게 제일 좋아요.

낮에 벚나무나 복숭아나무, 자두나무 등이 많은 곳을 찾아가 보세요. 숲속뿐만 아니라 우리 주변 공원의 벚나무 길도 이 친구들의 서식지랍니다!

벚나무 기둥에 어른 손톱만 한 타원형 구멍이 뚫려 있거나 나무 밑바닥에 톱밥 가루가 떨어져 있다면 벚나무사향하늘소가 살고 있다는 증거예요!

벚나무사향하늘소의 번식이 한창인 7월에는 짝짓기 중인 친구들도 쉽게 만나 볼 수 있어요!

채집 포인트 벚나무가 많은 공원에서 타원형 구멍과 톱밥의 흔적을 찾아보자! 난이도 ★★☆☆☆

신라 시대 보석 장신구
비단벌레

비단벌레는 매끈하고 반짝이는 몸이 비단 같아서 붙여진 이름이야. 그래서 영어 이름도 보석을 뜻하는 **Jewel Beetle**이지.

나의 아름다움은 신라 시대 때도 유명했어. **신라 시대의 장식품**에 내 딱지날개가 많이 활용되었대.

나 어제 또 비단벌레 귀걸이 플렉스 했잖아~

"아…안 돼! 눈이 떠지지가 않아!"
"눈부신 보석이 나가신다! 길을 비켜라~!"
"뭐가 비단인지 모르겠지?"
"내 MBTI는 C.U.T.E~큐트~"
"오, 이쁘다!"

광택이 도는 녹색 몸에, 가슴판과 딱지날개 양쪽으로는 강렬한 붉은 띠가 새겨져 있어. 물방울 모양의 커다란 눈도 내 특징이야.

- ☑ **분류** 비단벌레과
- ☑ **크기** 약 30~40mm
- ☑ **먹이** 유충 죽은 팽나무, 느티나무 등의 목질 / 성충 팽나무, 느릅나무 등의 잎
- ☑ **서식지** 한국(남부)
- ☑ **활동 시기** 7~8월
- ☑ **특징** 거울처럼 반짝이는 초록빛 몸체에 두 개의 빨간 선

주로 남부 지방의 팽나무, 느릅나무의 꼭대기에서 짝짓기하고 알을 낳아.

"얌얌"
"나는 나무의 목질을 먹고 자라요~"

"단순히 예뻐 보이고 싶어서 이러는 게 아니라고!"

내 몸이 초록색인 건, 나뭇잎의 색과 비슷하게 보이기 위한 **위장술**이야.

또, 반짝거리는 광택은 나무 꼭대기에서 뜨거운 열기를 반사하는 데 효과적이야.

보석처럼 반짝이는 비단벌레!
비단벌레를 만나려면 어떻게 해야 할까요?

비단벌레는 천연기념물이자 멸종 위기 야생 생물로 보호받고 있어요. 비단벌레가 좋아하는 남쪽 지역의 팽나무 군락지가 사라지고 있기 때문이에요.

비단벌레를 찾는 한 가지 팁! 남부 지방에서 커다란 팽나무 고목을 발견한다면 나무 꼭대기를 유심히 관찰해 보세요.

주로 무더운 여름인 7~8월의 한낮에 팽나무와 느릅나무 꼭대기를 맴돌 듯 날아다녀요. 낮은 곳으로는 잘 내려오지 않아 관찰이 매우 어렵답니다.

 **관찰 포인트** 남해안 지역에 커다란 팽나무가 보인다면 하늘을 올려다보세요! 난이도 ★★★★☆

맴맴~🎵 여름이 오는 소리
참매미

종에 따라 크기와 생김새는 물론이고 **울음소리까지 달라져.**

"앗 이건 참매미!"
"이건 쓰름매미~"
맴맴맴~ 쓰름~ 쓰름~

"이제 내가 왜 매미인지 알겠지?"

난 **맴맴** 하며 울어 대는 소리 때문에 매미라는 이름이 붙여졌어.

맴 맴 맴 맴

왜 이렇게 시끄럽게 우냐고? 그건 바로 암컷을 유혹하기 위해서야! 소리를 낼 수 있는 **울림 주머니는 수컷만 가지고 있다는 사실**을 알아 둬!

커다란 2개의 겹눈과 이마 쪽의 홑눈 3개, 이렇게 **총 5개의 눈**을 가지고 있지! 그리고 몸에 비해 **더듬이가 아주 짧아.**

맴 맴 맴
탁

알에서 태어난 유충은 그대로 땅을 파고 들어가서 2~3년간 나무뿌리의 수액을 빨아먹어.

"가까이서 보니 외계 생명체 같기도 하군."
"뭐래?"

"잘못 들었습니다?!"
나 좀 귀엽지?

- ☑ **분류** 매미과
- ☑ **크기** 약 35mm 내외
- ☑ **먹이** 나무 속 수액
- ☑ **서식지** 한국, 중국
- ☑ **활동 시기** 7~9월
- ☑ **특징** 이름처럼 "맴맴맴~" 소리를 내며 움

"빨대처럼 수액을 쭉-쭉!"

뾰족한 바늘 모양의 입으로 나무속 수액을 빨아먹고 살아.

28

여름철 여기저기 들려오는 매미 소리! 오늘의 주인공 참매미를 비롯해 다양한 종류의 매미를 만나 볼까요?

참매미는 산과 들뿐만 아니라 공원이나 아파트 단지 내 가로수에서도 쉽게 만나 볼 수 있어요.

그.런.데! 참매미보다 더 쉽게 만날 수 있는 매미가 있어요. 바로 애매미예요. 악기를 연주하듯 화려한 울음소리를 가졌답니다. 애매미는 이름답게 참매미보다 몸집이 작아요.

반면 참깽깽매미처럼 높은 산지에 가야 만나 볼 수 있는 매미도 있어요! 참깽깽매미는 가슴판에 W무늬가 있는 것이 특징이에요.

생물도감 TIP

우리나라에서 가장 큰 매미는 4~5cm의 말매미예요. 반대로 가장 작은 매미는 16~18mm의 풀매미예요.

채집 포인트: 매미의 울음소리인 "맴맴~"을 기억하자!

난이도 ★☆☆☆☆

화려함의 끝판왕
큰광대노린재

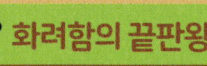

"난 노린재계의 슈퍼스타!"

화려한 빛깔과 아름다운 무늬가 마치 광대 같아서 광대노린재라는 이름이 붙여졌어.

"화려한 무늬가 마치 알록달록 분장한 광대의 모습 같지?"

"신선함이 살아 있네, 살아 있어~"

냄새나고 무섭게 생긴 노린재는 가라! 노린재도 얼마든지 화려할 수 있다는 걸 보여 주마!

전체적으로 **반짝반짝 광택이 도는 녹색**에 **화려한 붉은 무늬**가 선명하게 발달해 있어.

성충은 부드러운 잎이나 줄기에 **뾰족한 침**을 꽂아 즙을 빨아먹고 살아.

약충은 성충과 무늬가 좀 달라. 더욱 반짝이는 광택을 가진 게 특징이야.

"보석이야 뭐야~"

"우리는 부화를 기다리고 있어요!"

암컷은 식물 잎사귀 뒷면에 여러 개의 알을 낳아.

본.투.비. 화.려~ 그게 바로 나지.

- ☑ 분류 광대노린재과
- ☑ 크기 약 14~19mm
- ☑ 먹이 회양목, 철쭉 등
- ☑ 서식지 한국, 일본
- ☑ 활동 시기 5~7월(성충 기준)
- ☑ 특징 광대를 닮은 화려한 무늬

이제 노린재에 대한 편견은 버리자고요!
화려함으로 장식한 큰광대노린재를
다 함께 찾아볼까요?

TV생물도감의 **곤충채집 LIVE**

큰광대노린재는 회양목, 철쭉, 등나무 등 다양한 나무에서 발견되지만 그중 회양목을 가장 좋아해요. 회양목이 많은 공원을 찾아가 보아요.

성충의 활동 시기인 5월~7월이 아니라도 애벌레는 만날 수 있어요. 그러니 회양목이 보이면 언제든 살펴보도록 해요. 한 마리를 찾으면 주변에 모여 있는 수십 마리의 큰광대노린재를 함께 발견할지도 몰라요!

큰광대노린재와 굉장히 비슷한 친구, 바로 광대노린재예요. 붉은색 무늬가 훨씬 얇다는 점, 애벌레가 검정과 하양이 섞인 판다 무늬라는 점에서 큰광대노린재와 달라요.

생물도감 TIP

노린재는 만졌을 때 고약한 냄새를 풍기기로 유명해요. 큰광대노린재는 일반적인 노린재에 비해서는 냄새가 약하답니다.

채집 포인트 — 중부 지방의 숲 근처에서 회양목을 찾으면 만날 확률이 높아져요!

난이도 ★★★☆☆

거위를 쏙 빼닮은 숲속의 재단사 왕거위벌레!
작디작은 크기지만 생각보다 우리 주변에서
쉽게 발견할 수 있답니다.

우리나라에 서식하는 거위벌레 중 가장 만나기 쉬운 게 왕거위벌레예요. 봄부터 가을까지, 겨울을 제외하고는 언제든 찾아볼 수 있답니다.

왕거위벌레는 여러 종류의 활엽수를 터전으로 살아가는데, 주로 도토리 열매가 열리는 참나무류 잎을 좋아해요. 참나무가 자라는 야산에서 키가 작고 어린 참나무류의 잎사귀를 자세히 살펴보세요!

왕거위벌레를 쉽게 찾는 방법!

왕거위벌레의 요람을 찾으세요! 이 친구는 산란 후 나뭇잎으로 요람을 만들어 바닥에 떨어뜨리는 습성이 있어요. 그래서 왕거위벌레가 서식하는 나무 주변 바닥에는 요람들이 떨어져 있답니다.

생물도감 TIP

둘둘 말려 있는 요람을 조심히 펼쳐 보아요~! 아주 작고 노란 알이나 애벌레가 들어 있을 거예요.

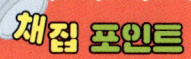 **채집 포인트** 바닥에 떨어진 요람을 먼저 찾아보자! 　　난이도 ★★☆☆☆

위장술의 달인
대벌레

이름이 대벌레인 이유는 배마디가 마치 대나무처럼 생겼기 때문이야.

이것은 나뭇가지인가 곤충인가.

나뭇가지와 똑같이 생긴 곤충이 있다는 말 들어 봤어?

어때? 나 대나무랑 좀 비슷해?

어? 애벌레 모양이 아니고 성충 모양이네!

난 환경에 따라 **몸의 색을 바꿀 수 있어**. 또 바람이 불면 나뭇가지가 흔들리는 모습까지 흉내 낼 만큼 똑똑해!

나는 번데기 과정 없이 **불완전 탈바꿈**을 해. 그래서 알에서 태어날 때부터 성충의 모습과 아주 흡사해.

나만큼 똑똑한 벌레가 또 있을까?

자화자찬~

- ☑ 분류 대벌레과
- ☑ 크기 약 100mm 내외
- ☑ 먹이 각종 활엽수의 잎
- ☑ 서식지 한국, 일본
- ☑ 활동 시기 6월 말~11월 초 (성충 기준)
- ☑ 특징 나뭇가지로 위장함

우리나라에는 총 5종의 대벌레가 있는데, **종마다 알 모양이 모두 달라**.

놀라운 사실을 알려 줄까? 우린 수컷 없이 암컷 혼자 알을 낳는 **단위 생식**을 할 수 있어. 그리고 암컷 한 마리가 낳는 알이 무려 600여 개나 돼. 어마어마하지?

나 없이 되겠어!?

응~ 충분히 가능해~

난 분홍날개 대벌레! 가만있어 보자. 아! 이게 내 알이군!

나뭇가지와 꼭 닮은 생김새부터
독특한 모양의 알까지!
신기한 대벌레를 만나러 숲속으로 떠나 봅시다!

활엽수림이 우거진 숲속을 찾아가면 대벌레를 만날 확률이 높아요. 봄부터 가을까지 관찰할 수 있지만, 봄에 관찰되는 건 대부분 애벌레예요. 성충을 만나려면 7월부터 찾아보는 게 좋아요.

참나무류의 잎이나 가지에서 발견될 확률이 아주 높아요. 워낙 위장을 잘하는 친구라 눈앞에 있어도 잘 보이지 않아요. 일단 나뭇잎에 대벌레가 갉아먹은 흔적들이 보인다면 주변을 유심히 살펴보세요.

대벌레는 주기적으로 한번씩 대발생을 해요. 뉴스에 대벌레 대발생 기사가 뜨면 그 지역으로 출동해 보는 것도 좋겠죠?

생물도감 TIP
대벌레가 매달려 있는 나무 아래 흙을 조심히 뒤적여 보세요~ 작디작은 알도 만나 볼 수 있을 거예요.

채집 포인트 무작정 찾는 건 어려울 수 있으니 대발생한 지역을 노려보아요!

난이도 ★★★☆☆

**14가지 소리를 내는 신비의 곤충!
사슴벌레붙이를 보려면 어떻게 해야 할까요?**

사슴벌레붙이는 특정 지역에서만 발견되는 곤충이에요. 과거에는 포천의 광릉숲 근처에서만 발견될 만큼 아주 희귀했지만 최근에는 의정부와 남양주 지역에서도 발견되고 있어요.

사슴벌레붙이는 사육이 쉬워요. 발효 톱밥에 산란목만 넣어 주면 쉽게 번식하거든요! 성충과 유충 모두 발효 톱밥을 먹기 때문에 먹이를 따로 주지 않아도 돼요!

생물도감 TIP

사슴벌레붙이는 주로 나무껍질 속에서 생활하지만 종종 이동 중에 날아가던 개체나 땅에 떨어진 개체가 발견되기도 해요!

채집 포인트 경기 북부 숲속의 썩은 나무껍질을 살펴보자.   난이도 ★★★☆☆

이마에 방패 장착 완료!
사슴벌레

우리나라에서 가장 큰 사슴벌레
넓적사슴벌레

잘생긴 인기쟁이,
왕사슴벌레

제주도에 혼저옵서예!
두점박이사슴벌레

너희는 나 못 이겨! 싸움의 고수★
장수풍뎅이

5월 숲속의 제왕,
사슴풍뎅이

알록달록한 보석 곤충,
풍이

둥글둥글 귀여운 점박이,
흰점박이꽃무지

한국에서 가장 거대한 곤충,
장수하늘소

다섯 가지 아름다운 빛깔,
왕오색나비

강력하고 단단한 갑옷!
왕바구미

주의! 가장 위험한 곤충,
장수말벌

수액에서 찾아보아요!

사슴벌레

이마에 방패 장착 완료!

추천 영상 레디!

앞에 아무런 수식어가 없는 '사슴벌레'가 정식 명칭 맞냐고?

응, 맞아. 보통 "그냥 사슴벌레" 혹은 "걍사슴벌레"라고 불려.

이름 너무 대충 만든 거 아냐? ㅎㅎ

내 이마 위에는 방패 모양의 멋진 돌기가 발달해 있어!

온몸에 짧고 부드러운 금빛 털이 자라는 것도 특징이야.

오~ 금빛 털~ 좀 있어 보이네.

- ☑ **분류** 사슴벌레과
- ☑ **크기** 약 30~72mm(야생 기준)
- ☑ **먹이** (유충) 썩은 활엽수의 목질 / (성충) 참나무류의 수액
- ☑ **서식지** 한국, 중국, 러시아 등
- ☑ **활동 시기** 6~9월
- ☑ **특징** 이마 위 방패 모양의 돌기

사슴벌레는 턱이라고 불리는 '머리에 난 커다란 집게'가 마치 사슴의 뿔처럼 보인다고 해서 붙여진 이름이야.

'매력 있는 사슴벌레'하면 나, '나'하면 '매력 있는 사슴벌레'!

어? 나처럼 예쁘네!

너도 예쁜데?!

암컷 이야기

암컷은 아주 짧은 턱을 가지고 있어. 짧지만 꽤 두꺼운 편이지!

딱 딱

왜 이렇게 안 떨어져~!

날 손에서 떼어 낼 때 고생 좀 할 거야~ ㅎㅎ

대부분 나무에서 살아가기 때문에 나무껍질에 잘 달라붙을 수 있는 날카로운 발톱을 가지고 있어!

머리에 방패 모양의 멋진 돌기가 있는 사슴벌레! 이 독특하고 매력적인 친구를 만나러 떠나 볼까요?

사슴벌레를 만나기 위해선 비교적 멀리 떠나야 해요! 넓적사슴벌레와 같은 종들은 도심지 주변의 낮은 야산에서도 발견되지만, 사슴벌레는 강원도처럼 서늘한 지역이나 높은 산 주변에 가야 볼 수 있어요.

야행성 곤충이지만 낮에도 잘 살피면 수액을 먹는 사슴벌레를 볼 수 있어요. 그리고 나무를 살살 흔들면 낮잠을 자던 사슴벌레가 바닥으로 떨어질 때도 있다는 사실!

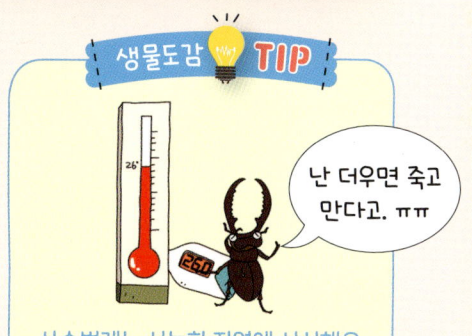

사슴벌레는 서늘한 지역에 서식해요. 집에서 사육하게 되면 실내 온도가 25도 이상으로 올라가지 않도록 주의하세요!

채집 포인트 높은 산 주변의 가로등 불빛 아래에 떨어져 있을 확률이 아주 높아요! 난이도 ★★★☆☆

우리나라에서 가장 큰 사슴벌레
넓적사슴벌레

추천 영상 레디!

★ 위풍 당당 ★

몸이 눌린 것처럼 넓적하게 생겨서 넓적사슴벌레라는 이름이 붙여졌어.

오우, 등판 넓은 거 좀 부러운데?

참나무류에 흐르는 수액을 먹고 살아. 주황빛 털이 달린 혀에 수액을 적셔서 핥아먹어.

나는 우리나라에 서식하는 16종의 사슴벌레 중 가장 커!

수액 없인 못 살아! 정말 못 살아!

잘 봐~ 형아들 싸움이다!

탁 탁

머리 쪽엔 크고 멋진 턱이 한 쌍 발달해 있어. 특히 수컷은 턱이 아주 긴데, 안쪽에 톱니처럼 생긴 돌기가 발달해 있는 게 특징이야. 이 턱으로 경쟁자와 싸워 암컷과 먹이를 차지해.

- ☑ 분류 사슴벌레과
- ☑ 크기 약 30~85mm(야생 기준)
- ☑ 먹이 유충 썩은 활엽수의 목질
  성충 참나무류의 수액
- ☑ 서식지 한국, 일본, 중국 등
- ☑ 활동 시기 5~9월
- ☑ 특징 검은색 몸, 넓적한 체형

암컷 이야기

암컷은 수컷과 전혀 다르게 생겼어. 둥글둥글한 체형에 턱도 아주 작아.

그렇다고 내 턱을 무시하면 안 돼! 작지만 아주 강하다고!

**우리나라의 사슴벌레 중 가장 커다란 크기를 자랑하는 넓적사슴벌레!
넓적사슴벌레를 만나려면 어디로 가야 할까요?**

넓적사슴벌레는 우리나라 전역에 서식하며 참나무가 우거진 숲에 주로 살아요. 5월에서 9월 사이에 발견되지만 가장 왕성한 활동 시기는 한여름인 6월에서 8월이에요.

야행성 곤충이라서 밤에 찾는 게 가장 좋아요. 하지만 밤중에 혼자 숲속으로 들어가는 건 위험하니 꼭 보호자와 함께 가도록 해요!

낮이라고 넓적사슴벌레를 만날 수 없는 건 아니에요. 대낮엔 주로 나무의 구멍 속이나 뿌리 근처 낙엽 밑에 숨어 있는 경우가 많아요. 수액이 흐르는 나무 아래의 낙엽을 조심히 들춰 보세요.

생물도감 TIP

서울에서는 넓적사슴벌레가 보호종으로 지정돼 있어요. 따라서 서울에서는 절대 채집하면 안 된다는 사실!

서울을 제외한 나머지 지역에선 괜찮으니 안심하라고~

채집 포인트 — 낮에 참나무 수액 터를 먼저 찾아 둔 후 밤에 다시 간다면 채집 가능!   난이도 ★★☆☆☆

국내 사슴벌레 중
가장 인기 있는 왕사슴벌레!
자연에서 직접 만날 수 있을까?

TV생물도감의 곤충채집 LIVE

왕사슴벌레는 비교적 전국에 넓게 서식하는 종이에요. 서식지가 넓다고 해서 흔히 볼 수 있는 건 아니니 지금부터 집중해 주세요!

"자~ 왕사슴벌레를 만나려면 말이야~ 지금부터 내 말 잘 들으라고~"

"나를?"

이 친구들이 유독 밀집되어 서식하는 곳이 있어요. 바로 충청남도와 전라북도, 그리고 강원도예요. 왕사슴벌레는 특히 나이가 많은 커다랗고 굵은 참나무를 좋아해요. 그래서 50년 이상 된 참나무가 있는 숲으로 가면 왕사슴벌레를 만날 확률이 높아져요!

"나는 굵고 큰 참나무가 너무 좋아!"

"5월엔 경쟁자가 많이 없으니 자유롭게 돌아다녀야지~"

5월부터 9월까지 쭉 활동해요. 저지대의 참나무 수액에서는 경쟁자인 넓적사슴벌레가 본격적으로 나타나기 전인 5월에 조금 더 쉽게 발견돼요.

생물도감 TIP

최근 지나친 채집으로 인해 왕사슴벌레의 개체 수가 많이 줄어들어 발견이 어려워지고 있어요.

"무분별한 채집은 No! 자연을 파괴하는 행동이야."

채집 포인트: 나이가 많은 참나무가 있는 숲을 찾아가자!

난이도 ★★★★☆

주황빛이 너무나도 화려하고 멋진
두점박이사슴벌레!
제주도로 여행을 떠난다면 만날 수 있을까?

우리나라에서
두점박이사슴벌레를
만나려면 반드시
제주도로 가야 한답니다.
이미 제주도에 사는
친구들은 더 쉽게 발견할
수 있겠죠?

왕성한 활동 시기는
6월 말~8월 초 사이예요.
이때 제주도를 방문하면
만날 확률이 높아진답니다.
참나무류인 상수리나무를
가장 선호하지만 팽나무,
예덕나무 등 활엽수로
우거진 숲속 나무
수액에서도 발견할 수
있어요.

혹시 수액에서도 보이지
않는다면, 수액이 흐르는
나무를 한번 흔들어
보세요. 나무 위에서 쉬고
있던 두점박이사슴벌레가
놀라서 떨어질 수도
있어요!

 활엽수의 나무 수액을 잘 살펴보자!   난이도 ★★★☆☆

너희는 나 못 이겨! 싸움의 고수 ★
장수풍뎅이

난 참나무 수액 터의 최강자.
우리나라 풍뎅이과 곤충 중 몸집이 가장 커.

내가 제일 잘나가~

보기만 해도 강력한 힘이 느껴진다!!

으라차차
우아악!

우와악! 참나무 수액 터를 뒤집어 놓으셨다!

내 이름에서 '장수'는 '오래 살다'가 아니라 **장수처럼 힘이 세다** 라는 의미야.

내 **두껍고 튼튼한 다리** 덕분에 나무 위에서 떨어지지 않고 단단히 붙어 있을 수 있어.

이 크고 멋진 뿔이 바로 내 강력한 무기야.

으쌰!
윽!

백날 노력해 봐~ 내가 이긴다.

흔들흔들
떨어져라, 얍!

이마에 난 기다란 뿔은 수컷의 트레이드마크야.
뿔 끝은 네 갈래로 넓게 갈라져 있어. 이 부분을 상대방 배 밑에 넣고 날려 버리지!

내 수명은 고작 3~4개월이야. 짝짓기와 산란을 마친 여름이 지나면 세상을 떠나.

- ☑ 분류 풍뎅이과
- ☑ 크기 약 40~82mm(야생 기준)
- ☑ 먹이 (유충) 썩은 활엽수의 목질, 부엽토
  (성충) 활엽수류의 수액
- ☑ 서식지 한국, 일본, 중국 등
- ☑ 활동 시기 6~8월
- ☑ 특징 탱크 같은 체형에 끝이 네 갈래로 갈라진 긴 뿔!

입은 주황색 털 뭉치처럼 생겼어.
여기에 수액을 적셔 빨아먹어.

할짝 할짝

새콤달콤 내 최애 수액~~

안녕히 계세요 여러분~ 전 제 행복을 찾아 떠납니다….

곤충계의 천하장사 장수풍뎅이!
이 크고 멋진 곤충을 자연에서 만날 수 있을까?

장수풍뎅이는 원래 비교적 보기 힘든 곤충이었어요. 하지만 장수풍뎅이를 사육하는 사람들이 많아지고 자연환경도 이들이 서식하기 좋게 바뀌다 보니 최근엔 거의 전국에서 발견되고 있어요.

그렇다면 이번엔 멀리 갈 필요가 없겠군! 아싸~

난 엄청난 대식가라서 내가 밥 먹고 있는 모습을 자주 보게 될 거야~

7월 중순~8월 초 참나무 숲에서 가장 건강하고 활동적인 장수풍뎅이를 만날 수 있어요. 나무 수액에 모여 있는 경우가 많지만, 과수원 주변의 떨어진 과일에도 종종 모여든답니다.

트랩을 통해 장수풍뎅이 유인하기!

사용하고 난 트랩은 쓰레기가 되지 않도록 꼭 되가져오자고!

생물도감 TIP

암컷을 채집했다면 집에서 산란하여 키울 수 있어요!

빨리 만나고 싶다!

사육 통에 발효 톱밥을 꾹꾹 눌러 담고 암컷을 넣어 두면 한 달 정도 후엔 뽀얀 장수풍뎅이의 알과 유충을 만날 수 있어요!

양파 망이나 못 쓰는 스타킹에 바나나, 파인애플 등 당도가 높은 과일을 넣고 나무에 걸어 두세요. 그리고 밤에 다시 가 보면 굶주린 장수풍뎅이가 붙어 있는 모습을 볼 수 있을지도 몰라요!

채집 포인트 참나무 수액뿐 아니라 과수원 주변의 떨어진 과일도 살펴보아요.

난이도 ★★☆☆☆

5월 숲속의 제왕
사슴풍뎅이

이름은 사슴풍뎅이지만, 사실 풍뎅이보단 꽃무지 종류에 가까워!

헤이, 친구!

우리가?

암컷은 흑색에다 뿔도 없어서 수컷과 전혀 다른 종처럼 보여. 하지만 위협 시 수컷과 똑같이 앞다리를 세우고 공격 자세를 취하는 것으로 사슴풍뎅이라는 걸 알아챌 수 있어!

사랑해요 사슴풍뎅이! 우유 빛깔 사슴풍뎅이!

난 우리나라에서 서식하는 꽃무지과 중에서 **유일하게 몸이 하얀색이야**. 가슴판엔 두 개의 검은 줄무늬가 뚜렷하지.

어흥~ 나도 엄연한 사슴풍뎅이라고!

너)가?

- ☑ 분류 꽃무지과
- ☑ 크기 약 22~42mm
- ☑ 먹이 참나무류, 느릅나무 등 활엽수의 수액
- ☑ 서식지 한국, 중국 등
- ☑ 활동 시기 5월 중순 ~ 6월 초
- ☑ 특징 하얀색 바탕에 두 갈래로 솟은 붉은색 뿔, 위협 시 앞다리를 세움

사슴풍뎅이는 **겉날개를 닫고 속날개만 편 채 날아가**. 꽃무지류에서 나타나는 특징 중 하나야.

머리에는 **붉은 기가 도는 두 개의 뿔**이 자라 있어. 하지만 이 뿔은 외골격이 변형된 거라 물거나 움직일 수 없어.

앙!

보기엔 위험해 보이지만 물지 못하니 걱정하지 마. ㅎㅎ

이렇게 겉날개를 닫고 날면 훨씬 빠른 비행이 가능해!

**사슴벌레 같기도 하고
장수풍뎅이 같기도 한 신기한 곤충!
사슴풍뎅이를 만나러 떠나요!**

사슴풍뎅이는 사슴벌레나 장수풍뎅이와 달리 사람들에게 잘 알려지지 않은 곤충이에요. 원래 개체 수가 많지 않아 보기 힘들었지만 최근에는 전국 각지에서 어렵지 않게 만나 볼 수 있어요.

주로 5월 중순부터 6월 초 사이에 많이 관찰돼요. 간혹 7월까지 발견되는 일도 있어요!

낮에 숲속의 참나무 수액을 찾아보면 사슴풍뎅이를 만날 수 있어요. 이 친구들은 바나나를 아~주 좋아하니 참고하세요!

생물도감 TIP

사슴풍뎅이는 비행 능력이 뛰어나서 조금만 방심해도 '휙' 하고 날아가 버려요. 사슴풍뎅이가 놀라지 않게 조심히 다가가도록 해요!

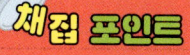

채집 포인트 — 5월 하순 참나무 숲에 바나나를 놓아 보자!   난이도 ★★★☆☆

알록달록한 보석 곤충
풍이

풍뎅이? 아니죠~! 내 정체가 뭐냐고?!

내가 누군지 궁금하지~? 못 참겠지!?

진짜 이름이 풍이야?ㅋㅋ

내 이름은 풍이. 풍뎅이의 줄임말 같다고? 아니야! 그냥 이름이 풍이거든. **풍뎅이는 풍뎅이과지만 난 꽃무지과에 속하는 곤충**이야.

뭐! 왜!

따라올 테면 따라와 보라고~

난 꽃무지과의 곤충답게 비행 시 딱지날개를 접고 속날개만 펴고 날아가. 딱정벌레목 곤충 중 **가장 비행 능력이 좋기로** 유명하지!

쨍~

헥 헥

머리가 사각형이고, 중앙에는 '**소순판**'이라는 역삼각형 모양의 판이 아주 크게 발달해 있어.

뛰어난 비행 실력으로 새콤달콤한 나무 수액을 광범위하게 찾아다녀.

- ☑ 분류 꽃무지과
- ☑ 크기 약 23~30mm
- ☑ 먹이 활엽수류의 수액, 과일의 과즙 등
- ☑ 서식지 한국, 일본, 중국 등
- ☑ 활동 시기 6~10월
- ☑ 특징 네모난 얼굴과 커다란 소순판, 화려하고 아름다운 색깔.

같은 꽃무지과인 사슴풍뎅이와 달리 **암컷과 수컷이 매우 비슷하게 생겼어.** 그래서 앞다리로 암수를 구분해야 해.

할짝 할짝

냠냠, 여기 수액 맛집이다!

앞다리가 가늘고 가시 돌기가 적으면 수컷!

앞다리가 넓고 가시 돌기가 많으면 암컷!

52

알록달록 보석 같은 곤충, 풍이!
오늘은 어떤 색상의 풍이를 만날 수 있을까?

풍이는 전국 대부분 지역에 살고 있어서 주변에 가까운 참나무 숲을 찾아보면 금방 만날 수 있어요. 6월 하순부터 7월 중순까지 가장 왕성하게 활동해요.

본격적인 더위가 시작됐군. 풍이를 만나러 가야겠다!

킁킁~ 어디서 달콤한 과일 향이 나는데?

어서 와 흐흐. 이렇게 달콤한 과일은 처음일 것이다!

낮에 참나무 수액이 흐르는 곳을 유심히 살펴보세요. 풍이들이 식사하고 있을지도 몰라요! 혹시 풍이가 보이지 않는다면 나무를 살짝 흔들어 보세요. 또, 주변에 과일 트랩을 설치하면 맛있는 냄새를 맡고 모여들 거예요.

와ㅋㅋ 새로운 색상 발견!

지역이나 개체에 따라 붉은색, 파란색, 초록색 등 다양한 색을 띠어요. 여러 지역의 풍이를 관찰하는 것도 흥미로울 거예요~!

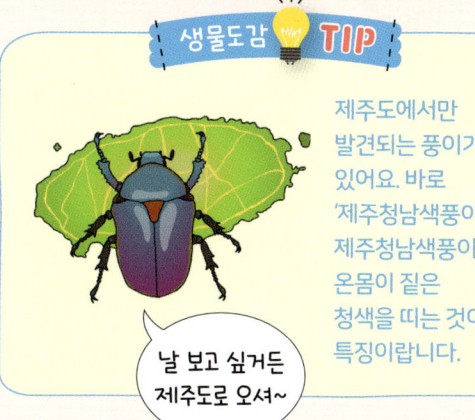

생물도감 TIP

제주도에서만 발견되는 풍이가 있어요. 바로 '제주청남색풍이'예요! 제주청남색풍이는 온몸이 짙은 청색을 띠는 것이 특징이랍니다.

날 보고 싶거든 제주도로 오셔~

채집 포인트 — 풍이가 날아다니는 곳에 과일 트랩을 설치해 보아요.

난이도 ★★☆☆☆

둥글둥글 귀여운 점박이
흰점박이꽃무지

뭔가 풍이랑 비슷하게 생겼지?

풍이랑 나는 사촌 정도 되는 사이!

온몸에 흰 점이 있어서 '흰점박이꽃무지'라고 불러.

"내 흰색 무늬 어때? 화려하지 않아?"

할짝

낮에 활동하는 **주행성 곤충**이야. **활엽수림의 수액**이나 **과일의 과즙** 등을 먹고 살아가지.

몸 전체적으로 광택이 흘러. 개체에 따라 초록빛, 구릿빛, 자줏빛 등 **다양한 빛깔**을 하고 있어.

애벌레는 몸에 털이 많고 작아. 바닥에 놓으면 **하늘을 보고 등으로 기어 다니는 게** 특징이야.

"빛이 나는 내 몸~♬"

헛 둘! 헛 둘!

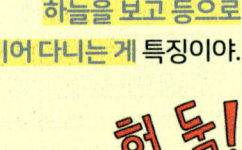

"헛둘 헛둘! 등으로 기어가기 실력은 내가 최강이지.ㅎㅎ"

- ☑ **분류** 꽃무지과
- ☑ **크기** 약 17~22mm
- ☑ **먹이** 활엽수류의 수액, 과일의 과즙 등
- ☑ **서식지** 한국, 일본, 러시아
- ☑ **활동 시기** 5~10월
- ☑ **특징** 둥글둥글한 체형과 온몸에 있는 흰색 무늬

암수 구별 방법을 알려줄 테니 집중!

이렇게 뒤집어서 배를 봤을 때 가운데가 움푹 들어가 있으면 수컷, 빵빵하게 튀어나와 있으면 암컷이야.

수컷   암컷

귀엽고 매력적인 흰점박이꽃무지를 보려면 어디로 가야 할까요?

흰점박이꽃무지는 풍이와 마찬가지로 전국적으로 만나 볼 수 있는 곤충이에요. 우리나라 꽃무지과에 속한 곤충 중 가장 흔해요.

햇빛이 내리비치는 화창한 낮에 참나무 수액이 흐르는 곳을 찾아가 보세요. 새콤달콤한 수액을 좋아하는 곤충인 만큼 바나나를 비롯한 과일 트랩도 아주 효과적이랍니다!

흰점박이꽃무지의 유충은 '동의보감'이란 옛날 책에 기록되어 있을 만큼 오래전부터 약용과 식용으로 널리 사용되었어요. 오늘날 약재와 식용으로 판매되는 애벌레 대부분이 흰점박이꽃무지의 애벌레예요.

흰점박이꽃무지는 사육도 굉장히 쉬워요. 발효 톱밥을 채운 통에 암수 한 쌍을 넣으면 유충까지 키울 수 있답니다.

채집 포인트 풍이보다 더 쉽게 발견할 수 있어요!

난이도 ★★☆☆☆

한국에서 가장 거대한 곤충
장수하늘소

난 우리나라에 서식하는 곤충 중 **가장 거대해.**

세상에 마상에 곤충이 이렇게 클 수가 있나?

곤충계의 빅 보스지.

1968년도에 **천연기념물 218호**로 지정되었어. 그만큼 매우 희귀하지. 주로 광릉수목원 일대에서 아주 드물게 발견되고 있어.

여기에서 장수하늘소를 찾을 수 있단 말이지?!

광릉숲

- ☑ **분류** 하늘소과
- ☑ **크기** 약 80~120mm
- ☑ **먹이** (유충) 서어나무, 신갈나무 등의 썩은 목질
  (성충) 활엽수류의 수액
- ☑ **서식지** 한국, 러시아, 중국
- ☑ **활동 시기** 7~8월
- ☑ **특징** 거대한 몸체와 가슴판의 노란 반점

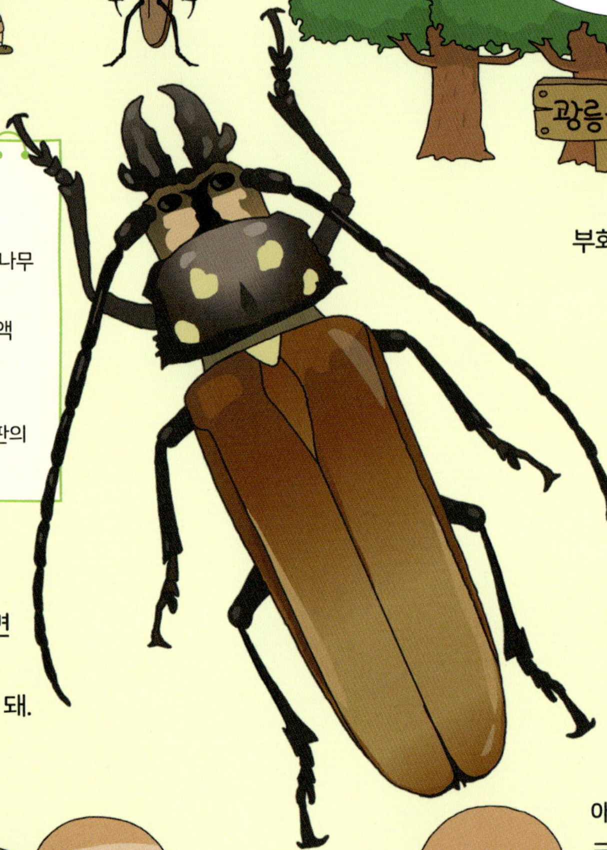

부화한 애벌레는 자연에서 무려 5~7년이라는 긴 세월 동안 성장하다가 성충이 돼.

졸업이 6년이나 남았다니.

다른 대형 하늘소와 장수하늘소를 구분하려면 **가슴판에 선명한 노란 반점**이 있는지 확인하면 돼.

더듬이를 제외한 몸길이가 8cm를 넘고 가슴판에 노란 반점이 있다면 분명 장수하늘소!

애벌레도 성충만큼 엄청난 크기를 자랑해!

사람 손바닥만 한 애벌레는 네가 처음이야….

56

점점 사라져 가는 희귀 곤충, 장수하늘소!
장수하늘소를 만나려면 어떻게 해야 할까요?

장수하늘소는 우리나라 곤충 중에서 가장 먼저 천연기념물로 지정되었어요. 또, 멸종 위기 야생 생물 1급 개체이기도 해요. 따라서 야생에서 만나는 건 전문가에게도 어려운 일이랍니다.

현재 서식지가 줄어들어 경기도 포천에 있는 광릉수목원 내에서만 종종 발견되고 있어요. 혹시 광릉수목원 나들이 중 장수하늘소가 보인다면 절대 만지지 말고 수목원에 알려 주세요!

한 가지 좋은 소식! 최근에 장수하늘소가 인공 증식되어 전시관 등에서 관찰할 기회가 많아지고 있어요. 장수하늘소가 보고 싶다면 전시관을 찾아가는 것도 좋은 방법이겠죠?

장수하늘소는 채집·보관·거래 등이 엄격히 금지되어 있어요!

 관찰 포인트   자연에서 만날 확률은 희박해요.

난이도 ★★★★★

다섯 가지 아름다운 빛깔
왕오색나비

어이, 거기 너! 나한테 가까이 와 볼래?

조심조심~ 살금 살금

하나, 둘, 셋, 넷, 다섯! 와! 진짜 다섯 가지 색이네?

어때, 나 참 예쁜 나비지? **커다란 날개에 다섯 가지 색**을 가지고 있어.

속고만 살았냐!

날개 전체에는 노란 점과 흰 점이 빼곡히 나타나 있어. 그리고 **양쪽 뒷날개 끝부분에 강렬한 붉은 점**이 하나씩 찍혀 있지.

나비면 보통 꽃에 모여들 거라고 생각하지만, 우리는 꽃에 모이지 않아. 대신 **참나무류의 수액이나 달콤한 과즙**에 모여들지. 그리고 간혹 **동물의 똥**에서 발견되기도 해.

웩~

참나, 넌 똥 안 싸니!?

이게 바로 왕오색나비 패션!

수컷은 날개에 다섯 가지 색이 모두 있지만, **암컷은 파란색이 빠진 네 가지 색**만 있어.

주로 팽나무나 풍게나무의 가지에 산란해. 부화한 애벌레는 다음 해 늦봄에서 초여름 사이에 번데기가 되고, 여름에 성충 나비로 변신해.

음? 그럼 암컷은 왕사색나비라고 불러야 하나? 하하하~

끙차! 나비가 되서 날아오르자!

지금 그걸 혹시 개그라고 한 거야?

- ✅ 분류 네발나비과
- ✅ 크기 약 50~60mm
- ✅ 먹이 유충 팽나무, 풍게나무
  성충 나무 수액, 과즙 등
- ✅ 서식지 한국, 러시아, 중국 등
- ✅ 활동 시기 6월 중순~ 8월 초
- ✅ 특징 다섯 가지 색상의 커다란 날개

다섯 가지 색의 아름답고 커다란 날개를 가진 왕오색나비를 찾아봐요!

보통 6월 20일 이후부터 7월 초까지가 깨끗하고 멋진 왕오색나비를 만나기 좋은 시기예요. 성충이 좋아하는 참나무와 애벌레가 좋아하는 팽나무, 풍게나무 등이 많은 숲을 간다면 만날 확률이 훨씬 높아지겠죠~?

왕오색나비가 날아다니는 걸 발견한다면 주변에 냄새나는 생선 통조림 등을 놓고 멀리서 지켜보세요. 비린내를 맡고 왕오색나비가 모여들지도 몰라요!

설치했던 통조림은 반드시 회수해서 환경 오염이 되지 않도록 해요!

수액을 먹고 있는 왕오색나비를 관찰하는 게 가장 편해요. 오후 시간대가 되면 암컷 및 영역 차지를 위한 점유 행동을 하는데, 이때는 날아다니는 속도가 너무 빨라서 잡기 정말 힘들어요.

채집 포인트 참나무 수액이나 동물 배설물 등에 모인 왕오색나비를 관찰하자! 난이도 ★★★☆☆

강력하고 단단한 갑옷!
왕바구미

전체적으로 **땅콩 껍질**처럼 생겼어. 색깔도 땅콩과 비슷한 갈색이고, 몸에 검고 누런 줄무늬가 그려져 있어.

엉금엉금, 느릿느릿! 내가 누구냐고? 어서 와~

이렇게 큰 바구미는 처음이지? 난 우리나라 바구미 중 가장 큰 왕바구미야!

바구미가 이렇게 크다구?

땅콩 같은 내 얼굴~ 예쁘기도 하지요~

????

몸 전체가 오돌토돌한 돌기로 가득해. 얼굴 쪽에 **기다란 주둥이**를 가진 것도 특징이지.

ㅋㅋ 얼굴만 봐도 바구미인 걸 한번에 알 수 있겠다.

다릿마디 안쪽이 **날카로운 갈고리 모양**으로 발달해서 어디든 강력하게 붙어 있을 수 있어.

꽈악

놓치지 않을 거예요!

- ☑ 분류 바구미과
- ☑ 크기 약 15~35mm
- ☑ 먹이 (유충) 나무 목질 (성충) 나무 수액
- ☑ 서식지 한국, 일본, 대만 등
- ☑ 활동 시기 5~9월
- ☑ 특징 땅콩 껍질을 닮은 몸통과 기다란 주둥이

암컷은 봄부터 여름까지 참나무 등의 수액에 모여 먹이 활동을 하다가 죽었거나 죽어 가는 나무에 산란해.

여기가 좋겠다.

와…. 완전 돌멩이 같잖아?

딱 딱

난 단단한 갑옷 덕분에 **엄청난 방어 능력이 있어.** 내 몸은 어지간한 힘으로는 깨지지 않을 만큼 아주 단단해.

엄청나게 단단한 몸을 가진 곤충, 왕바구미를 찾아 보아요!

산란을 앞둔 왕바구미는 죽은 나무를 찾아가요. 그래서 죽은 소나무나 참나무들이 많은 곳에 왕바구미들이 숨어 있는 걸 목격할 수 있어요.

생물도감 TIP

쌀통 속에서 발견되는 곤충의 정체가 바구미?

흔히 쌀벌레로 잘 알려진 쌀바구미도 왕바구미처럼 바구미과에 속한 곤충이랍니다!

채집 포인트 — 시큼한 참나무 수액을 살펴보자. (덤으로 사슴벌레를 볼 수도 있어요!) 난이도 ★★☆☆☆

주의! 가장 위험한 곤충
장수말벌

부아앙

장수말벌이라고?!

나 지금 떨고 있니?

덜덜

헉, 이 엄청난 날갯소리는 뭐지? 장수말벌 나가신다! 다 피해!

맙소사!

이게 벌이야 짐승이야~~

난 말벌과에 속하는 벌 중에 **가장 강력하고 덩치가 큰** 장수말벌이야. 일반 말벌보다 2배 이상 크지.

눈은 총 5개야. 얼굴 정면에 보이는 커다란 두 개의 **겹눈** 보이니? 이 부분으로 **사물을 감지해.** 그리고 정수리 부분에 있는 3개의 점 같은 게 홑눈이야. 이 **홑눈**으로는 **빛의 밝기를 감지**할 수 있어!

부앙

으아악~! 장수말벌을 마주치면 무조건 도망치는 게 상책!

꼬리 쪽에는 **무시무시한 독침**을 가지고 있어. 그뿐만 아니라 강력한 턱으로 상대방을 마구 물어뜯어 버려.

잡식성으로 작은 곤충을 잡아먹어. 애벌레는 성충들이 만들어 주는 곤충 경단을 받아먹고 자라.

아이고 잘 먹네~

냠냠! 너무 맛있쪄.

- 분류 말벌과
- 크기 약 30~45mm
- 먹이 (유충) 곤충 경단 (성충) 수액, 당밀
- 서식지 한국, 일본, 중국 등
- 활동 시기 4~10월
- 특징 주황색 바탕의 몸과 커다란 덩치, 엉덩이의 검은 줄무늬

평소에 우리 주변에서 발견되는 장수말벌은 대부분 암컷이야. 암컷은 강력한 독침을 가지고 있지만, **수컷 장수말벌은 독침이 없어!**

삐이익

여기에는 독침 없겠지?!

잠깐

겉으로는 암수 구분이 힘드니 절대 만지지 마!

바라만 봐도 무섭고 위험천만한 장수말벌, 어디에서 활동할까요?

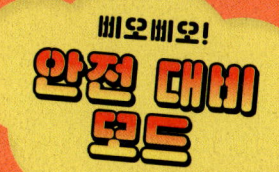

삐오삐오! **안전 대비 모드**

장수말벌은 우리나라에 서식하는 곤충 중 가장 위험한 곤충이에요. 엄청난 크기와 난폭한 성격, 그리고 무시무시한 독침까지 탑재한 장수말벌과 마주치기라도 하면 정말 위험해져요. 그래서 오늘은 장수말벌이 어디서 어떻게 활동하는지 알고 미리 대비해 볼 거예요.

오늘은 채집이나 관찰이 아닌 안전을 위한 공부!

장수말벌은 이른 봄인 4월부터 가을인 10월까지 굉장히 긴 기간 동안 활동해요. 그래서 언제든 주변에서 마주칠 가능성이 있죠! 장수말벌의 주 서식지는 숲이나 들판이지만, 이동성이 워낙 강하다 보니 집 주변에서도 얼마든지 마주칠 수 있어요.

특히 참나무 수액 근처에서 장수말벌을 만나는 경우가 많아요. 장수말벌을 발견한다면 절대로 가까이 가지 마세요. 만일 공격을 받는다면 최대한 자세를 낮추고 목과 머리를 먼저 보호해야 해요. 목 부분을 쏘이게 되면 기도가 부어서 위험한 상황에 놓일 수도 있어요.

생물도감 TIP

장수말벌에 쏘인다면 119를 부르거나 최대한 가까운 병원에 가야 해요! 얼음이 있다면 얼음찜질을 해 주는 게 좋아요.

🚨 **안전 대비 포인트** — 장수말벌을 만나면 무조건 도망치자. 런!!!!!

63

어흥~ 호랑 무늬 장착 완료!
호랑나비

하늘을 나는 검은 비행사,
제비나비

아름다운 새하얀 날개,
배추흰나비

위기의 곤충!
붉은점모시나비

수백km가 넘는 거리를 날아서~
왕나비

어두운 밤하늘을 밝히는 감동의 불빛!
늦반딧불이

색깔도 무늬도 제각각!
무당벌레

아뵤~ 당랑권을 받아라!
왕사마귀

저 푸른 초원 위에~♪
남색초원하늘소

풀과 꽃에서 찾아보아요!

어흥~ 호랑 무늬 장착 완료!
호랑나비

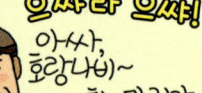

난 날개에 호랑이를 연상케 하는 멋진 무늬가 있는 호랑나비야.

"걱정하지 마! 그렇다고 호랑이처럼 무서운 생물은 아니니까~"

"억! 더러워~ 똥이잖아?" 으악!

애벌레 1령부터 4령까지는 **어두운 흑갈색에 흰색 무늬야.** 이런 색과 무늬로 나뭇잎 위에서 새똥처럼 위장한 채 천적을 피해.

남녀노소 누구나 한 번쯤은 내 이름을 들어 봤겠지?

윗면

아랫면

"이름이랑 딱 어울리는 화려함이구먼."

놀라운 비밀! 호랑나비 유충은 위협을 받으면 머리 쪽에 뿔처럼 생긴 **취각**이 순식간에 튀어나와.

"아 깜짝이야! 말은 하고 튀어나와 주겠니?"

- ✅ 분류 호랑나비과
- ✅ 크기 약 56~97mm
- ✅ 먹이 유충 탱자나무, 산초나무, 황벽나무
  성충 다양한 꽃 속의 꿀
- ✅ 서식지 한국, 일본, 중국 등
- ✅ 활동 시기 4~ 10월
- ✅ 특징 호랑이 무늬의 날개

연노란색의 바탕에 검은 줄무늬가 발달해 있어. 뒷날개 아래쪽으로는 푸른 무늬와 붉은 반점이 있어.

마지막 허물을 벗은 **애벌레 5령은 기존과 180도 다른 모습으로 변해.** 어둡고 칙칙했던 색은 밝은 초록색을 띠어. 머리 쪽엔 눈처럼 보이는 동그란 무늬가 한 쌍 생기지.

"진짜 환골탈태 했네;;"

아싸~ 호랑나비♬
관찰하러 한번 떠나 볼까?

호랑나비의 성충은 다양한 꽃의 꿀을 섭취하기 때문에 산과 들, 심지어 동네 공원에서도 쉽게 만나 볼 수 있어요. 봄에는 철쭉꽃, 여름엔 참나리나 원추리 등이 피어 있는 꽃밭에서 기다려 보세요.

호랑나비는 산호랑나비와 생김새가 매우 비슷해서 쉽게 구분하기가 힘들어요. 힌트를 주자면, 훨씬 진한 노란빛을 띠면서 날개 안쪽이 검게 색칠되어 있으면 산호랑나비예요.

생물도감 TIP

호랑나비는 4~5월에 우화하는 봄형과 6~9월에 우화하는 여름형의 크기가 달라요. 여름형이 봄형보다 1.5배가량 크게 성장해요.

우화는 번데기가 날개 있는 성충이 되는 것을 뜻해.

채집 포인트 근처 공원이나 들판의 꽃밭을 잘 살펴보자!

난이도 ★☆☆☆☆

하늘을 나는 검은 비행사
제비나비

커다란 날개를 가진 검은색 나비가 하늘을 나는 모습이 마치 **제비를 연상시킨다**고 해서 '제비나비'라는 이름이 붙여졌어.

호랑나비와 마찬가지로 봄형과 여름형으로 나뉘어. 역시 여름형이 봄형보다 1.5배 정도 더 커.

내가 새일까, 나비일까?

딱 보면 알지~ 넌 나비잖아!

어머, 죄송해요. 제 친구인 줄 알고.

툭 아야!

우씨. 먼저 성충이 된 건 난데 왜 네가 더 크지?

봄형

그러게~ 좀 더 기다리지 그랬니?

여름형

내 날개는 금빛과 초록빛이 도는 비늘로 덮여 있어. 뒷날개 끝에는 **미상 돌기**라고 부르는 봉긋 솟은 돌기가 있어.

이 돌기가 제비를 연상시켜!

호랑나비와 먹는 식물도 비슷하고 유충 생김새마저 판박이야. 알고 보면 나도 호랑나비과거든. 하지만 호랑나비 애벌레보다 몸에 무늬가 훨씬 많아.

뭔가 뱀 같아 보이기도 하네.

수컷   암컷

- ☑ 분류 호랑나비과
- ☑ 크기 약 40~75mm
- ☑ 먹이 유충 황벽나무, 산초나무, 탱자나무의 잎
  성충 각종 꽃
- ☑ 서식지 한국, 일본, 중국 등
- ☑ 활동 시기 4~9월
- ☑ 특징 제비를 연상케 하는 커다랗고 검은 날개

뒷날개 윗면의 테두리에는 여러 개의 **반달무늬**가 발달해 있는데, 수컷은 푸른빛을, 암컷은 붉은색을 띠어.

우리나라에서 가장 커다란 나비 중 하나인 제비나비! 누구든 쉽게 찾을 수 있어요.

제비나비는 전국적으로 분포하고, 4월 중순부터 9월까지 긴 기간 동안 활동하기 때문에 비교적 관찰이 쉬워요. 또, 덩치도 크고 검은 날개를 가져서 눈에도 잘 띈답니다.

어디든 꽃이 있는 곳이라면 가리지 않고 활동해요. 특히 주변에 엉겅퀴, 진달래 등 꽃이 많은 곳을 찾는다면 제비나비를 쉽게 만날 수 있어요. 제비나비가 산란하는 산초나무, 탱자나무 등을 자세히 살펴보면 잎을 갉아 먹고 있는 애벌레도 보일 거예요.

우리나라에는 긴 미상 돌기를 가진 긴꼬리제비나비부터 짧은 미상 돌기를 가진 남방제비나비, 그리고 팅커벨처럼 예쁘고 앙증맞은 청띠제비나비도 살고 있답니다.

생물도감 TIP

해외에서 날아온 제비나비??

우리나라에서 발견되는 제비나비 중에는 해외에서 바람을 타고 날아온 무늬박이제비나비도 있어요. 이렇게 바람을 타고 해외에서 넘어온 나비를 '미접'이라고 부르는데, 대부분 겨울을 나지 못한답니다.

채집 포인트 — 제비나비는 진달래, 참나리 꽃을 좋아해요!

난이도 ★☆☆☆☆

아름다운 새하얀 날개
배추흰나비

호랑나비와 더불어 가장 친숙한 나비 중 하나인 배추흰나비!

"우리에게 배추밭은 그야말로 핫 플레이스지~"

"내 존재를 아무에게도 알리지 말라…!"

내 이름은 **배추밭에서 자주 발견되는 흰나비**라는 뜻이야.

애벌레는 몸이 초록색인데, **배추 색과 아주 비슷해서** 천적의 눈을 피할 수 있어.

날개가 **하얀 우유 빛깔**로 매우 예뻐. 앞날개 끝에 있는 **삼각형 모양의 검은 무늬**와 **날개 중간의 반점**들이 특징이야.

"안녕 친구야!"

"천사가 친구래~ ㅎㅎㅎ"

암컷은 배춧잎 뒷면에 **1mm 정도의 아주 작고 뽀얀 타원형** 알을 낳아. 잎 뒷면에 산란하면 천적의 눈도 피하고 뜨거운 태양으로부터 보호할 수도 있어.

- ✅ 분류 흰나비과
- ✅ 크기 약 19~27mm
- ✅ 먹이 **유충** 배추, 무, 케일 등
  성충 배추, 무, 토끼풀 꽃 속의 꿀
- ✅ 서식지 아시아, 유럽, 북아메리카
- ✅ 활동 시기 4~10월
- ✅ 특징 하얀 날개에 검은 반점

수컷 / 암컷

모두 모여 봐! 놀라운 비밀을 알려 줄게. 나와 같은 흰나비과 나비들은 **자외선을 이용하여 암수 구별을 할 수 있어.** 수컷은 자외선을 더 잘 흡수해서 검은색으로 보이거든!

"뿅! 드디어 세상에 나왔다!"

배추밭 주위를 아름답게 날아다니는
배추흰나비를 만나러 가 보아요!

배추흰나비는 우리나라에서 가장 흔한 나비 중 하나라서 도심지 주변에서도 쉽게 만날 수 있어요. 산지보다는 밭과 들판에서 만날 확률이 더 높아요. 배추밭과 무 밭을 둘러보면 밭 위로 삼삼오오 모여 날아다니는 배추흰나비를 발견할 수 있을 거예요.

꼭꼭 숨어라~ 하얀 날개 보일라~

또, 배추 이파리 중간에 구멍이 숭숭 뚫려 있다면 배추흰나비 애벌레가 숨어 있을 수 있어요.

오호라, 이거 보게! 애벌레도 숨어 있구나!

헤헤, 여기다 잘 키워 봐야지!

배추흰나비는 사육이 아주 쉬워서 배추, 케일 등만 준비되어 있다면 집에서도 얼마든지 성충으로 우화시킬 수 있답니다.

생물도감 TIP

배추흰나비가 아닐 수도 있다?

흔히 하얗고 작은 크기의 나비를 보면 배추흰나비라고 생각해요. 하지만 줄흰나비나 큰줄흰나비일 수도 있어요. 이들은 배추흰나비와 다르게 날개 전체에 검은 줄무늬가 있답니다.

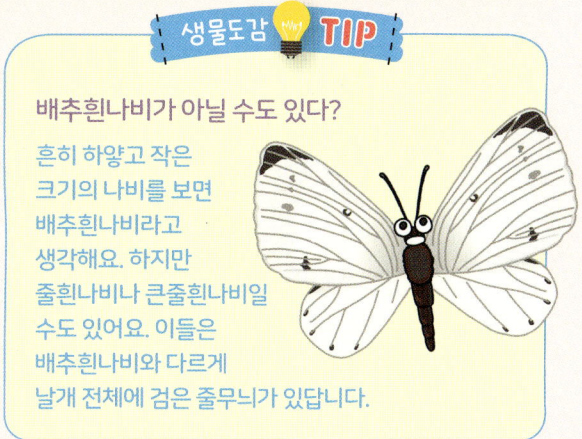

채집 포인트 시골·도시 가릴 것 없이 배추나 무가 많은 밭으로 가 보자! 난이도 ★☆☆☆☆

이젠 점점 사라져 가서 만나기 어려워진 붉은점모시나비….

이제 남아 있는 집단 서식지를 제외한 장소에서는 붉은점모시나비를 만나기가 어려워졌어요. 어딘가에 아직 발견되지 않은 서식지가 있을지도 모르지만요.

분명 어딘가 새로운 서식지가 있을 거야!

기린초 밭을 찾았어! 이곳이라면 붉은점모시나비가 살고 있을지도 몰라.

주로 5월 초~6월 초 사이에 발견돼요. 붉은점모시나비가 좋아하는 기린초가 많이 발견되는 암반 지역 주변에서 만날 가능성이 커요.

이 눈에 붉은점모시나비의 모든 걸 담겠어!

생물도감 TIP

붉은점모시나비와 너무도 비슷한 모시나비!

모시나비는 붉은 점이 없고 크기도 조금 작아요. 그리고 붉은점모시나비와 달리 전국적으로 흔하게 발견되는 나비예요.

모시나비와 붉은점모시나비, 헷갈리기 없기!

붉은점모시나비는 현재 멸종 위기 야생 생물 1급으로 지정되어 보호받고 있어요. 그러니 이 친구들을 만나더라도 눈으로만 관찰해 주세요.

관찰 포인트 기린초가 있는 암반 지대를 유심히 살피자!

난이도 ★★★★★

수백km가 넘는 거리를 날아서~
왕나비

봄형과 여름형으로 일 년에 두 번 발생해. 봄형과 여름형의 생김새는 비슷해.

"우아한 날갯짓만큼은 날 따라올 수 없을걸?"

"난 식물의 독을 먹어서 내 독처럼 활용할 수 있다고!"

봄형 / "여름형이 봄형보다 더 커!" / 여름형

난 우리나라에 사는 나비 중 가장 크지는 않아도, 손에 꼽힐 만큼 큰 날개를 가지고 있어.

뒷날개 끝부분엔 흑색 반점이 나 있는데, 이건 수컷 왕나비만의 특징이야. 그리고 몸통엔 희고 둥근 반점들이 여러 개 나 있지!

왕나비 유충은 박주가리 잎을 먹고 자라. 박주가리는 독성이 있어서 다른 곤충들이 쉽게 먹지 못하는데, 우린 **박주가리의 독을** 체내에 축적해 **천적으로부터 자신을 방어**하는 데 사용해.

"무늬부터 색상까지 정말 눈을 뗄 수가 없네~"

과거에는 제주도에서만 서식한다고 생각해서 제주왕나비라고 불렸어. 하지만 최근 **전국적으로 서식**한다는 게 알려지면서 왕나비로 이름이 바뀌었지!

"내래 북에서 왔습네다."

"나 이름 바뀌었어! 왕나비야!"

"어이~ 제주왕나비!"

"넌 어느 별에서 왔니?"

난 계절에 따라 수백km가 넘는 거리를 이동해. 심지어 북한까지 넘어가기도 해!

- ☑ 분류 네발나비과
- ☑ 크기 약 95~110mm
- ☑ 먹이 유충 박주가리과 성충 꽃의 꿀
- ☑ 서식지 한국, 일본, 중국 등
- ☑ 활동 시기 5~6월(봄형), 7~9월(여름형)
- ☑ 특징 커다란 날개에 이국적인 무늬!

우아한 날갯짓이 아름다운 왕나비를 만나려면 어떻게 해야 할까요?

왕나비는 제주도를 비롯한 지리산, 속리산, 설악산 등 우리나라 곳곳에 서식하고 있어요. 워낙 이동성이 강해서 주 서식지가 아닌 곳에서도 발견된답니다.

그래도 발견할 확률을 높이려면 이들이 주로 서식하는 지역으로 가야 해요. 보통 백두대간으로 이어진 큰 산의 줄기를 따라 이동하며 서식하기 때문에 백두대간 라인을 찾아가면 좋아요.

특히 왕나비는 등골나물의 꽃을 아주 좋아해서 등골나물이 많은 지역을 찾는다면 만날 확률이 높아져요.

생물도감 TIP

3,000km를 이동하는 모나크왕나비!
멕시코의 모나크왕나비는 겨울을 나기 위해 무려 3,000km가 넘는 거리를 이동한다고 알려져 있어요!

채집 포인트 — 백두대간의 등골나물을 유심히 살펴보자!

난이도 ★★★☆

늦반딧불이

어두운 밤하늘을 밝히는 감동의 불빛!

밤하늘의 별이 움직인다!? 별빛보다 선명한 늦반딧불이, 나를 소개해 볼게!

난 우리나라에 서식하는 반딧불이 중 **가장 늦은 시기인 늦여름에 활동해.**

늦여름에 반딧불이가 보인다면 늦반딧불이겠구나!

반짝반짝 작은 반딧불이~♪ 아름답게 비치네♪

생도 음치구나…?

성충과 달리 유충은 조금 무섭게 생겼어. 여러 개의 마디로 달팽이 껍데기 속을 쉽게 파고들 수 있어.

아직 어리지만, 나도 엉덩이 쪽으로 빛을 낼 수 있어!

배마디 끝부분에 하얗게 보이는 두 개의 발광 기관이 있어.

유충은 육지에서 생활하며 육상 달팽이류를 사냥해. 놀랍게도 성충은 아무것도 먹지 않고 번식에만 몰두해.

바로 여기서 빛을 내는 거야!

반짝 반짝

슬금 슬금

내가 바로 육상의 달팽이 킬러!

덩칫값 좀 하네!

- ☑ 분류 반딧불이과
- ☑ 크기 약 15~18mm
- ☑ 먹이 유충 달팽이 / 성충 없음
- ☑ 서식지 전국
- ☑ 활동 시기 8월 말 ~ 9월 초
- ☑ 특징 엉덩이에서 강한 빛을 냄

반짝 반짝

난 **우리나라에 서식하는 3종의 반딧불이 중 가장 덩치가 커.** 그만큼 더 밝고 화려한 불빛을 뿜어내지.

아름다운 빛을 내는 신비의 곤충 반딧불이를 만나려면 어디로 가야 할까요?

최근 환경오염과 무분별한 개발로 인해 반딧불이 수가 많이 줄었어요. 그래도 아직은 그리 어렵지 않게 만나 볼 수 있어요.

우리나라에는 애반딧불이, 운문산반딧불이, 늦반딧불이 이렇게 3종의 반딧불이가 살아요. 애반딧불이는 주로 초여름, 친환경 논이나 맑고 얕은 물이 고여 있는 숲속 습지 주변에서 발견할 수 있어요. 반면 운문산반딧불이와 늦반딧불이는 물가와 관계없이 오염되지 않은 초지나 숲에서 각각 초여름과 늦여름에 발견할 수 있답니다.

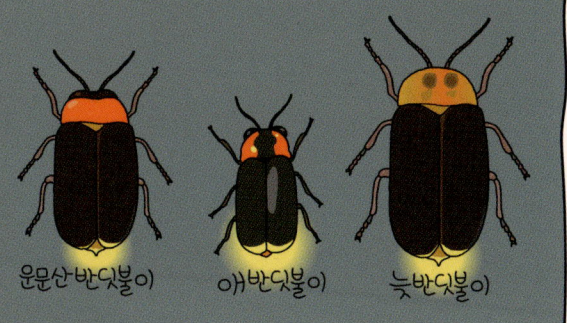

반딧불이는 보통 어두워진 직후에 가장 활동성이 강해요. 따라서 해가 지자마자 부지런히 찾아봐야 해요. 최대한 인공조명이 없는 어둡고 깜깜한 곳으로 가야 한답니다.

생물도감 TIP

반딧불이는 천연기념물이다??

땡!

정확히는 반딧불이가 집단 서식하는 무주군 내의 반딧불이 서식지가 천연기념물로 보호받고 있어요.

채집 포인트 — 칠흑같이 어두운 숲 주변에서 오염되지 않은 곳을 찾아보자!

난이도 ★★★☆☆

알록달록 뒤뚱뒤뚱 귀여운 무당벌레!
우리 집 근처에도 살고 있어요!

무당벌레는 서식 환경이 굉장히 넓어요. 또 겨울을 제외한 전 계절에 걸쳐 활동하기 때문에 어디서든 발견되는 흔한 곤충이에요.

"무당벌레 관찰이야말로 누워서 떡 먹기지!"

이동성이 강하기 때문에 꼭 진딧물이 있는 곳이 아니더라도 발견돼요. 심지어 아파트의 벽면이나 계단 주변에도 불시착한 무당벌레들이 발견되곤 한답니다. 그렇지만 뭐니 뭐니 해도 진딧물이 많은 풀밭이 관찰하기엔 가장 좋겠죠?

"뭐야, 네가 왜 여기서 나와?"

무당벌레의 불시착★

"앗! 무당벌레의 알을 발견했다!"

나무껍질이나 풀잎 등에 노란색, 주황색의 타원형 알 뭉치가 보인다면 근처에 무당벌레가 살고 있다는 증거!

생물도감 TIP

큰이십팔점박이 무당벌레, 초식파

"난 초식이지롱!"

무당벌레는 대부분 육식으로 진딧물을 잡아먹는 익충이에요. 하지만 풀을 먹고 자라 농작물에 피해를 주는 해로운 무당벌레도 있답니다.

채집 포인트 집 근처 풀밭부터 찾아보자! 진딧물이 많다면 무당벌레를 만날 확률도 up! 난이도 ★☆☆☆☆

우리나라 사마귀 중 가장 크고 멋진 왕사마귀를 찾아~봅시다!

왕사마귀는 4월부터 11월까지 만나 볼 수 있어요. 대신 봄에는 약충만 볼 수 있고, 성충은 7월 이후부터 만날 수 있어요.

음…. 왕사마귀는 아무래도 거대한 몸집이 매력이니 성충을 보고 싶네.

사마귀의 사냥감인 메뚜기나 방아깨비가 많은 풀밭을 찾아보는 게 좋겠어!

왕사마귀와 같은 사마귀과 곤충들은 주로 풀밭이 잘 조성된 공원이나 화단, 하천의 제방 등 풀이 있는 곳이라면 어디든 나타날 가능성이 있어요.

겨울철엔 사마귀 알집을 찾아보자!

으악! 대체 몇 마리가 나온 거야~ 이걸 다 어떻게 키우지~!!

겨울이 오기 전 풀숲 주변 구조물을 잘 살펴보면 사마귀가 낳은 알집을 발견할 수 있어요. 이 알집을 떼다가 따뜻한 방 안에서 잘 관리하면 꼬물꼬물 귀여운 아기 사마귀들이 탄생하는 걸 볼 수 있답니다!

생물도감 TIP

사마귀에게 물리면 사마귀가 날까??

옛날부터 사마귀에게 물리면 사마귀라 불리는 피부병이 난다는 속설이 있지만, 사마귀와 피부병은 아무 관련 없답니다!

봐, 내가 그런 거 아니라니까!

채집 포인트 메뚜기나 방아깨비 등 왕사마귀의 사냥감이 많은 풀밭으로 고고!

난이도 ★★☆☆☆

저 푸른 초원 위에~♪
남색초원하늘소

"이름에서 생김새와 서식지를 모두 유추할 수 있겠다."

"푸른빛에 긴 더듬이, 나 좀 예쁘지?"

"오늘도 만났네! 역시 정말 작고 예뻐."

주로 풀이 많은 초지에서 살아가고 남색을 띠고 있어.

"아~따 개운허다! 이제 활동 좀 해 볼까나~?"

기다란 더듬이의 **검은색 띠에는 복슬복슬한 털**이 있어. 그중 유독 1번, 2번 마디의 털이 눈에 띄어.

알에서 부화한 유충은 2년 정도 성장하다가 이른 봄 번데기 방을 틀고 성충이 돼.

위협을 느끼면 **취선을 통해 방어 물질을 내뿜기도 해!**

"아오! 이게 무슨 냄새야 대체!"

쉬이~ 아오!

취선이란, 체내에서 악취가 나는 분비물을 분비하는 분비샘!

"여기에 유충이 살고 있겠군~"

짝짓기를 마친 암컷은 국화과 식물인 개망초, 쑥 등의 줄기에 작은 알을 산란해.

- ☑ 분류 하늘소과
- ☑ 크기 약 8~13mm
- ☑ 먹이 개망초, 쑥 등의 국화과 식물
- ☑ 서식지 전국
- ☑ 활동 시기 5~6월
- ☑ 특징 긴 더듬이, 중간중간 발달한 털 뭉치와 남색 빛 딱지날개

긴 더듬이가 매력적인 작고 예쁜 남색초원하늘소를 만나러 가 봅시다!

남색초원하늘소는 무더위가 시작되기 전인 5월부터 6월까지 전국 대부분의 지역에서 관찰할 수 있어요.

나 보러 와 줄 거야~?

남색초원하늘소를 만나려면 산이 아닌 초지로 가야 해요. 우선 개망초나 쑥이 많은 초지를 찾아가 보자고요!

남색초원하늘소랑 드라마 한 편 찍어도 될 것 같은 분위기~

한 번에 두 마리를 찾다니!

개망초와 쑥이 잔뜩 자라고 있는 드넓은 초지를 찾았나요? 남색초원하늘소는 아주 작아서 꼼꼼하게 살펴보지 않으면 잘 보이지 않아요. 한편, 짝짓기 하는 개체들이 많아서 두 마리씩 붙어 있는 경우가 많아요.

 **생물도감 TIP**

"남색초원하늘소"를 꼭 빼닮은 "닮은남색초원하늘소"

겉보기엔 남색초원하늘소와 매우 비슷하지만, 더 뚱뚱하고 더듬이 마디에 붉은빛이 도는 게 특징이에요.

그리고 난 극히 일부 지역에만 서식하는 희귀종이야!

채집 포인트 개망초와 쑥이 많이 자라고 있는 초지를 찾아라!!

난이도 ★★☆☆☆

둥글둥글, 추억의 곤충,
물방개

수서 곤충계의 최강 포식자!
물장군

물속의 사마귀!
게아재비

물 위를 떠다니는 마법의 곤충,
소금쟁이

하늘을 지배하는 공중 폭격기,
장수잠자리

전 세계에서 가장 작은 잠자리,
한국꼬마잠자리

우리나라에서 가장 크고 아름다운 모기,
광릉왕모기

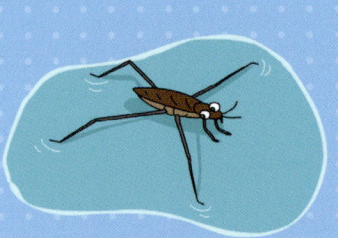

물가에서 찾아보아요!

둥글둥글, 추억의 곤충
물방개

추천 영상 레디!

저기 좀 봐! 딱정벌레가 물속을 빠르게 헤엄치고 있어!

샤샤샥~

내 이름은 물속에 사는 둥근 생물이라는 뜻이야.

방망이, 방구리처럼 둥근 형태를 가진 것에 '방'이라는 이름이 붙어.

나는 물속에서 숨을 쉴 수 없어. 그래서 엉덩이를 물 밖으로 내밀고 공기를 저장해 물속을 헤엄쳐.

내 뒷다리엔 물갈퀴 역할을 하는 털이 많이 자라 있어.

- ☑ 분류 물방개과
- ☑ 크기 약 33~42mm
- ☑ 먹이 작은 어류, 올챙이, 각종 동물의 사체
- ☑ 서식지 한국, 일본, 대만 등
- ☑ 활동 시기 4~10월
- ☑ 특징 둥근 체형에 노란 띠

암컷과 수컷은 앞다리 모양으로 구별할 수 있어. 수컷은 앞다리에 넓적한 밥주걱 모양의 흡착판이 있어. 여기로 암컷의 몸을 꼭 붙잡고 짝짓기를 해.

암컷을 놓치지 않을 거야!

그러니까 네가 크면 이렇게 된다고? 믿기 힘드네;;

귀여운 성충과는 다르게 유충은 기다란 체형이야. 조금 무섭게 생겼어.

귀여운 물방개를 만나 보려면 어디로 가야 할까요?

주의! 물방개는 과거엔 아주 흔한 곤충이었지만 서식지 파괴와 환경 오염 등으로 인해 2017년부터 멸종 위기 야생 생물 2급으로 지정돼 보호받고 있어요. 따라서 절대 채집해선 안 돼요. 물방개과에 속한 다른 종들을 찾아보도록 해요!

물방개는 3~4cm 정도 되는 대형 종부터 1cm가 채 되지 않는 소형 종까지 종류에 따라 크기가 다양해요. 공통적으로 유속이 느리고 오염되지 않은 물웅덩이를 좋아한답니다.

물방개와 닮은 물땡땡이!
물땡땡이는 몸에 노란 띠가 없고 뒷다리의 털도 현저히 적은 편이에요. 더듬이도 물방개보다 훨씬 짧아요. 그리고 물방개와 달리 초식을 하는 곤충이랍니다.

주로 수초가 많은 물속에 숨어 있기 때문에 뜰채가 있어야 잡을 수 있어요! 뜰채로 수초가 있는 부분을 열심히 휘저어 보면 다양한 수서 곤충들과 함께 물방개류도 관찰할 수 있어요.

'물방개'는 보호종! 보호종이 아닌 다른 물방개과 곤충을 찾아보아요!

난이도 ★★★☆☆

수서곤충 서열 1위! 최강 사냥꾼 물장군은 어디에서 볼 수 있을까요?

물장군은 서식지 파괴와 환경오염으로 인해 멸종 위기 야생 생물 2급으로 보호받고 있어요. 사실상 물방개보다도 훨씬 보기가 어려워졌답니다.

나도 자연에서 물장군을 만난 적은 손에 꼽아.ㅠㅠ

전국적으로 서식하긴 하지만 주로 서해안이나 남해안 지역의 웅덩이, 농수로, 그리고 작은 연못 등에서 살아가요. 물웅덩이의 튀어나온 가지나 수초 등에 알을 지키는 수컷이 붙어 있을지도 모르니 잘 관찰하자고요!

마침 내가 점찍어둔 좋은 물웅덩이가 있어!

물장군을 만났을 때는 꼭 주의하세요!

아 무서워ㄷㄷ. 절대 만지지 말고 눈으로만 봐야겠다.

물장군은 보호종이기 때문에 만져서는 안 돼요. 혹시 모르고 만지더라도 뾰족하고 강력한 바늘 같은 입에 찔리지 않도록 주의해야 하고요. 여기에 찔리면 벌에 쏘인 것처럼 따끔한 매운맛을 보게 된답니다!

생물도감 TIP

보기와는 다르게 훌륭한 비행 능력을 갖춘 물장군!

물속에서 생활하느라 날지 못할 것 같지만 물장군은 굉장한 비행 능력을 갖추고 있어요. 그래서 번식기에 종종 가로등과 같은 인공조명에 날아들기도 해요.

"물장군"은 보호종! 매운맛을 볼 수 있으니 유의하세요!

난이도 ★★★★☆

물속의 사마귀, 게아재비를 만나러 연못으로 떠나 볼까요?

게아재비는 주변의 논두렁이나 연못 혹은 유속이 느린 하천 등에서 관찰할 수 있답니다. 우선 물속에 사는 게아재비를 찾기 위해선 뜰채나 반두가 필요해요.

반두란, 양쪽 끝에 가늘고 긴 막대로 손잡이를 만든 그물을 뜻해. 주로 얕은 개울에서 물고기를 몰아 잡을 때 쓰는 도구야.

뜰채나 반두로 수심이 깊지 않은 수초 지대를 잘 뒤지다 보면 "짜잔!"하고 사마귀를 닮은 게아재비를 만나 볼 수 있답니다.

못 본 척할까~ 말까~

한마디로, 1년 내내 관찰이 가능하단 이야기!

게아재비는 주로 봄부터 가을까지 활동해요. 하지만 겨울에 수초나 돌 틈에 숨어 겨울잠을 자기 때문에 한겨울에도 관찰은 가능하답니다!

생물도감 TIP

게아재비와 아주 유사한 장구애비라는 곤충도 있어요. 장구애비는 게아재비보다 몸이 훨씬 넓고 납작하답니다.

아주 납작한 게아재비구나?

잡지마!

채집 포인트: 유속이 느린 연못이나 하천의 수초 속을 뒤져 보자!

난이도 ★★☆☆☆

물 위를 떠다니는 마법의 곤충
소금쟁이

윙 가르디움~ 레비오쏴~

내 다리 모양이 마치 소금을 나르는 지게 같았나 봐~

옛날에 소금 장수들이 **소금을 지고 다니는 모습**과 닮아서 소금쟁이라는 이름이 붙여졌어.

소금쟁이가 날기도 하네!

그야말로 반.전.매.력! 난 엄청난 비행 실력의 소유자야.

물 위를 떠다니며 마법을 부리는 작은 곤충에 대해 알고 싶지 않니!? 바로 나, 소금쟁이야.

주로 물 위를 떠다니기 때문에 날지 못할 것 같지? 하지만 난 **비행 능력이 상당히 뛰어난 곤충**이야.

다리가 6개지만 앞다리가 너무 짧아서 4개밖에 없는 것처럼 보이기도 해.

헐, 물 밑에서 몰래 다가오니 피하기가 어렵겠구나!

덜 덜

비록 짧지만 나도 앞다리가 있다고!!

내 천적은 바로 **송장헤엄치게**야. 이 녀석은 물구나무서듯 뒤집힌 상태로 내 체액을 빨아먹거든.

- ☑ 분류 소금쟁이과
- ☑ 크기 약 11~16mm
- ☑ 먹이 작은 어류나 올챙이, 기타 동물의 사체
- ☑ 서식지 한국, 일본, 중국 등
- ☑ 활동 시기 4~10월
- ☑ 특징 X자 모양을 한 가느다란 다리로 물 위를 떠다님

어떻게 물 위를 떠다니느냐고?

내 다리에는 기름 성분이 포함된 **수많은 잔털**이 있어. 이 덕분에 가라앉지 않고 움직일 수 있는 거야.

나처럼 물 위를 자유롭게 다닐 수 있는 곤충은 없을걸?

길쭉길쭉~ 다리가 긴 소금쟁이를 찾아 떠나 보아요.

소금쟁이를 관찰하려면 도심지보다는 시골의 물웅덩이를 찾아가는 게 좋아요. 비가 온 뒤 생기는 작은 물웅덩이에서도 소금쟁이가 발견될 수 있어요.

이런 논이 많은 시골에 오면 꼭 소금쟁이가 있던데….

생각보다 뛰어난 비행 능력을 갖춘 소금쟁이는 물을 찾아 여기저기 이동해요. 그러다 작은 물웅덩이가 보면 내려앉아 쉰답니다.

아~ 그래서 운동장 물웅덩이에도 소금쟁이가 있었구나~

자동차 위로 떨어지는 소금쟁이!

아 뭐야, 물웅덩이가 아니었잖아?

소금쟁이에겐 자동차의 광택에 반사되는 하늘이 물웅덩이처럼 느껴져서 종종 차량 위에 내려앉기도 해요.

생물도감 TIP

소금쟁이가 노린재와 친척?!
소금쟁이는 노린재목 소금쟁이에 속하는 곤충이라 자세히 보면 노린재와 아주 닮았어요.

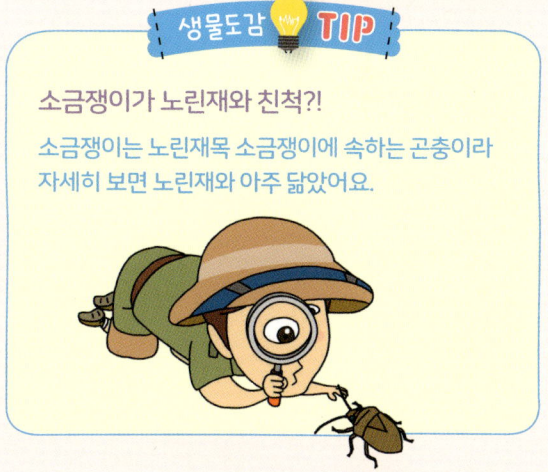

채집 포인트 — 물이 고여 있는 곳이라면 어디서든 채집할 수 있다!

난이도 ★★☆☆☆

하늘을 지배하는 공중 폭격기
장수잠자리

우리나라에서 가장 큰 잠자리가 뭔지 알아? 바로 나, 장수잠자리야.

헉, 잠자리가 어떻게 이렇게 커?

내 영역을 침범하는 자는 모조리 사냥당할 것이다!

이름처럼 **커다란 덩치와 강력한 사냥 능력**이 전쟁터의 장수를 연상하게 해.

암컷은 산지 주변의 **유속이 느린 개울가**에 산란해. 알에서 부화한 유충은 약 3년 후 멋진 장수잠자리 성충으로 우화하지.

아직도 3년이나 더 자라야 어른이 될 수 있네….

줄무늬와 겹눈의 색이 너무 화려하고 멋져!

암컷의 경우 **최대 100mm**를 넘을 만큼 거대해. 보석같이 빛나는 **녹색 겹눈**이 아주 인상적이야.

잠자리목의 유충은 성충과 달리 물속에서 생활해. 생김새 또한 **성충과 전혀 달라**.

난 **하늘의 제왕이자 폭군**이야. 빠르고 정교한 비행 실력으로 날아가는 곤충을 가리지 않고 낚아채. 무서운 벌들조차 내 앞에선 한낱 먹이에 불과해.

야, 너희들 일루와 봐.

Lv. 10000

너희…. 내가 그냥 잠자리로 보이니?

어른이 되면 난 환골탈태를 하지!

- ☑ 분류 장수잠자리과
- ☑ 크기 약 85~100mm
- ☑ 먹이 하루살이, 벌, 파리 등의 곤충
- ☑ 서식지 한국, 일본, 중국 등
- ☑ 활동 시기 6~9월
- ☑ 특징 커다란 크기에 녹색 겹눈과 노란 줄무늬

우리나라에서 가장 큰 잠자리인 장수잠자리를 만나러 가 볼까요?

장수잠자리는 도심지 주변보다는 산지의 계곡 주변에서 주로 발견돼요. 활동 시기는 여름이 시작되는 6월부터 9월까지예요.

굉장히 빠르고 민첩해서 손으로는 잡기 힘들어요. 그래서 잠자리채를 필수로 준비해야 한답니다! 잠자리채가 있어도 좀처럼 잡기가 쉽지 않지만요.

생물도감 TIP

우리나라에는 장수잠자리 이외에도 어리장수잠자리나 어리부채장수잠자리처럼 크기가 크고 비슷하게 생긴 잠자리들도 살아간답니다.

제아무리 빠르더라도 약점은 있기 마련! 장수잠자리는 자기 영역을 지키려는 성향이 강해서 지나온 길을 다시 지나가요. 놓쳤더라도 그 자리에 숨어 기다리면 잡을 수 있어요.

채집 포인트 장수잠자리가 지나갔던 자리를 지키고 잠복할 것!

난이도 ★★★☆☆

전 세계에서 가장 작은 잠자리
한국꼬마잠자리

전 세계에서 가장 작은 잠자리가 우리나라에 살고 있다는 거 알고 있니?

앙증맞은 나야 나, 한국꼬마잠자리!

귀염 뽀짝
발랄
깜짝

아-아-. 여기는 수풀1, 수풀1. 아직 적이 보이지 않는다. 오-바.

난 너무 작아서 다른 잠자리들에게 속수무책으로 잡아먹혀. 그래서 천적을 피해 **수풀 사이를 아주 낮게 날아다니지**.

- ☑ **분류** 잠자리과
- ☑ **크기** 약 10~14mm
- ☑ **먹이** 작은 날벌레류
- ☑ **서식지** 한국 (산지의 얕은 습지)
- ☑ **활동 시기** 6~8월
- ☑ **특징** 고추잠자리를 닮은 생김새에 손가락 마디만한 작은 크기

짝짓기를 마친 암컷은 얕은 물의 수면을 치듯이 알을 낳는데, 이걸 **'타수산란'** 이라고 해.

통 탕

500원짜리 동전보다도 작다고!

최근에 우리나라에만 서식하는 신종으로 밝혀지면서 이름이 **꼬마잠자리**에서 **한국꼬마잠자리**로 바뀌었어.

개명 신청
저, 이름 좀 바꾸려고 왔는데요.

어른 손가락 한 마디 정도로 작아. 암컷은 연갈색의 몸체에 **알록달록한 줄무늬**가 있어.

알에서 부화한 유충은 작은 수서 생물을 잡아먹고 성장해. 가뭄으로 서식지의 물이 말라도 한동안 살아남을 수 있는 **강인한 생존력**을 가지고 있지!

냠 냠

작아도 너무 작다! 세계에서 가장 작은 귀여운 한국꼬마잠자리를 만나 보자!

한국꼬마잠자리는 멸종 위기 야생 생물 2급으로 지정돼 보호받고 있어요. 안타깝게도 서식지 감소로 인해 만나기가 매우 어려워졌죠. 그래서 채집해서는 안 되고, 눈으로만 봐야 하는 곤충이랍니다.

에고…. 요즘 사라져 가는 곤충들이 너무 많아.ㅠㅠ

주로 5월 하순부터 8월에 활동해요. 한국꼬마잠자리는 수심이 아주 얕고 맑은 샘이 흐르는 산지 근처의 습지에 살아가는데, 이와 비슷한 휴경 논에서도 종종 발견된답니다.

휴경 논이란? 오랫동안 농사를 짓지 않아 자연 그대로 방치된 논을 말해요.

내 꼬맹이~ 너무 작고 소중해★

워낙 작은 크기에다가 바닥에 붙어서 날아다니는 특성 때문에 서식지 내에서도 눈에 잘 띄지 않아요. 낮은 눈높이로 천천히 살펴봐야 발견할 수 있답니다.

생물도감 TIP

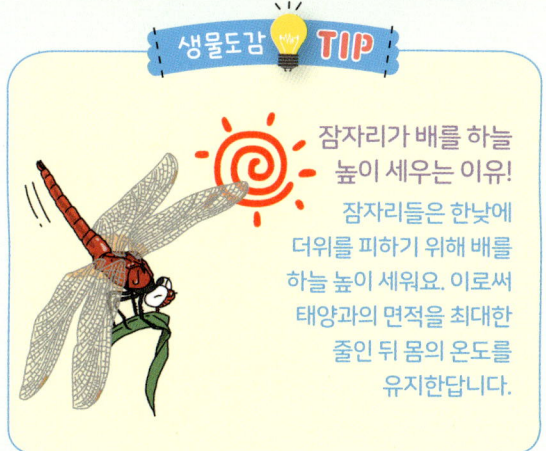

잠자리가 배를 하늘 높이 세우는 이유!
잠자리들은 한낮에 더위를 피하기 위해 배를 하늘 높이 세워요. 이로써 태양과의 면적을 최대한 줄인 뒤 몸의 온도를 유지한답니다.

 **관찰 포인트** 산지 주변에 오랫동안 방치돼 습지화된 논을 찾아보자.

난이도 ★★★☆

우리나라에서 가장 크고 아름다운 모기
광릉왕모기

"나는 모기 중에 가장 크고 화려한 광릉왕모기!"

"안녕"

나는 우리나라에 사는 모기 중 유일하게 왕모기속에 속해. 광릉숲에서 처음 발견되어서 광릉왕모기라고 불리지!

"왕 크니까 왕 멋있다!"

"어? 예쁘다."

전체적인 생김새는 일반 모기와 비슷해. 하지만 나는 배 부분이 **푸른빛**을 띠고 엉덩이는 **주황색 털**로 뒤덮여 있지!

"장구벌레, 어디까지 잡아 봤니?"

나는 사람들에게 매우 **이로운 곤충**이야! 광릉왕모기 유충 한 마리가 일반 모기 유충인 장구벌레를 하루에 20마리 이상 잡아먹거든!

- ☑ 분류 모기과
- ☑ 크기 15~20mm
- ☑ 먹이 유충 모기 유충
  성충 나무 수액, 꿀 등
- ☑ 서식지 한국, 중국 등
- ☑ 활동 시기 5~9월
- ☑ 특징 커다란 덩치와 엉덩이의 주황색 털

"휴~ 정말 다행이다"

"모기라고 다 같은 모기가 아니라는 말씀~"

"대대손손 무럭무럭 자라렴~"

대부분의 모기는 암컷이 산란할 때 필요한 단백질을 얻기 위해 동물의 피를 빨아먹어. 하지만 나는 **나무 수액과 꽃의 꿀** 등을 먹는다는 사실!

일반 모기는 수많은 사람들의 피를 빨아먹으며 전염병을 옮기기도 해. 한 해에 70만 명 이상이 모기로 인한 질병으로 사망하지. 이런 골칫덩이 모기를 줄이는데 우리가 큰 역할을 할 수 있어!

모기를 먹는 모기!
광릉왕모기를 만나러 가 볼까요?

광릉왕모기는 여름철 숲속에서 발견돼요. 광릉숲 근처나 강원도 지역에서 많이 살고 있어요.

광릉왕모기는 주로 꽃에 앉아 꿀을 빨아 먹거나 나무에서 수액을 먹고 살아요. 개체 수가 적어서 만나기가 상당히 어렵답니다! 우연히 발견하는 경우가 대부분이에요.

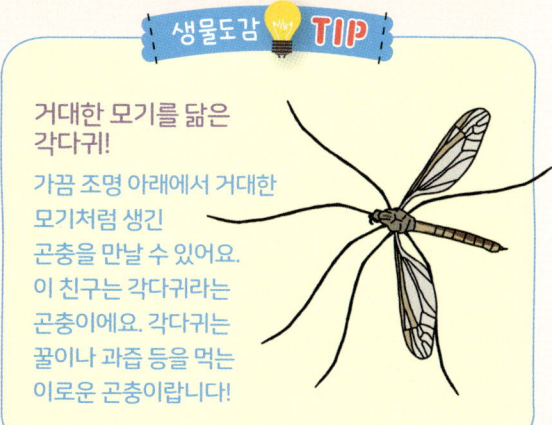

생물도감 TIP

거대한 모기를 닮은 각다귀!

가끔 조명 아래에서 거대한 모기처럼 생긴 곤충을 만날 수 있어요. 이 친구는 각다귀라는 곤충이에요. 각다귀는 꿀이나 과즙 등을 먹는 이로운 곤충이랍니다!

광릉왕모기는 성충보다 유충을 찾는 게 더 쉬워요. 유충은 다른 모기와 마찬가지로 물웅덩이에서 살거든요! 일반 모기의 유충인 장구벌레보다 2~3배 큰 친구를 찾아보세요! 그게 바로 광릉왕모기의 유충!

채집 포인트 고여 있는 물웅덩이 속 커다란 장구벌레를 찾자!

난이도 ★★★★☆

알고 보면 무시무시한,
넓가뢰

지역에 따라 다른 빛깔,
홍단딱정벌레

살아 있는 시한폭탄!
폭탄먼지벌레

개미들의 저승사자,
개미귀신

길을 안내해 주는 곤충,
길앞잡이

둥글둥글 귀여운 외모,
둥글장수풍뎅이

두더지를 닮은 곤충,
땅강아지

난 사슴벌레가 아니야!
큰조롱박먼지벌레

땅바닥에서 찾아보아요!

알고 보면 무시무시한
남가뢰

후….
가뢰 세계에서는 내가 대장이지.

잠깐만! 날 손으로 잡으면 큰일 날걸?

난 우리나라에 서식하는 가뢰 중 **가장 커**. **남색 빛**이 돈다고 해서 남가뢰라고 불려.

우왕-! 뚱뚱하고 신기하게 생겼다. 뭔가 귀여운데?

경고

부화한 유충들은 본능적으로 주변 꽃의 가장 높은 곳으로 향해. 바로 **뒤영벌**을 만나야 하기 때문이야. 꽃이나 풀잎 끝에 뭉쳐 있다가 뒤영벌이 나타나는 순간 올라타.

배가 아주 뚱뚱하고 커서 딱지날개가 닫히지 않을 정도야.

더듬이가 이상하게 생긴 데는 다 이유가 있다고요. ㅠㅠ

앗싸! 벌 탑승 성공!

엉금 엉금

나는 왜 안 닫혀잉.ㅠㅠ 똑땅해.

뒤영벌에 올라탄 유충들은 자연스레 벌집으로 가게 돼. 그곳에서 알과 꿀 등을 파먹으며 성장하지.

더듬이가 구부러져 있는 게 수컷만의 특징이야. 짝짓기를 할 때 구부러진 더듬이로 암컷의 더듬이를 붙잡아.

한마디로 기생하는 거네! 정말 영리하면서도 무시무시해.

- 분류 가뢰과
- 크기 약 12~30mm
- 먹이 쑥, 토끼풀 등 여러 풀
- 서식지 한국, 일본, 유럽 등
- 활동 시기 3~5월, 10~11월
- 특징 반짝이는 푸른빛에 커다란 엉덩이

봄을 알리는 곤충, 남가뢰를 찾아
근처 공원으로 나가 볼까요?

풀숲 사이에 큼직한 무언가가
기어간다고요?

잠깐! 가뢰과 곤충들은 절대 손으로 만져서는 안 돼요. 이들이 위협을 느낄 때 뿜어내는 칸타리딘이라는 독성 물질이 피부에 닿으면 물집이 생기고 통증을 느낄 수 있으므로 아주 조심해야 해요.

칸타리딘은 홍날개라는 곤충에겐 아주 매력적인 물질이에요. 암컷을 유혹할 때 사용하거든요. 그래서 남가뢰가 나타나면 여러 마리의 홍날개가 달려들어 칸타리딘을 섭취해요.

채집 포인트 — 흔하게 볼 수 있지만 절대 만져서는 안 돼요!

난이도 ★★☆☆☆

지역별로 색이 다른 알록달록 홍단딱정벌레를 만나 보아요. 렛츠~꼬우!

"나는 초록색을 좋아하니까 지리산으로 가야겠다!"

홍단딱정벌레는 일반적으로는 붉은색을 띠지만, 지리산 일대에서는 초록색, 제주도에서는 검은색, 또 일부 고산 지역에선 주황색 친구들이 발견되기도 해요.

습도가 잘 유지되어 달팽이나 지렁이 등이 많은 근처의 산으로 가야 해요. 홍단딱정벌레는 야행성이기 때문에 밤에 랜턴을 들고 주변을 잘 비춰 봐야 발견할 수 있어요.

"오늘도 야간 채집이구나! 야간 채집은 항상 안전에 유의해야 하지."

홍단딱정벌레를 낮에 잡으려면?

"있다, 있어!" "야호~"
"단, 설치한 종이컵은 반드시 도로 가져갑시다!"

종이컵을 활용한 핏폴 트랩(Pitfall trap)으로 홍단딱정벌레를 낮에도 잡을 수 있어요. 종이컵을 바닥에 여러 개 묻고 시큼한 포도주나 썩은 고기 등을 넣으세요. 다음 날 확인하면 홍단딱정벌레가 잡혀 있을 수도 있답니다!

생물도감 TIP

홍단딱정벌레와 헷갈리는 멋쟁이딱정벌레

멋쟁이딱정벌레는 홍단딱정벌레와 생김새, 크기부터 알록달록한 색까지 판박이지만 딱지날개의 점열 문양이 옅고 테두리에 반짝이는 띠가 있어요.

채집 포인트 우거진 숲속에 핏폴 트랩을 설치해 보자!

난이도 ★★★☆☆

살아 있는 시한폭탄! 폭탄먼지벌레를 자연 속에서 실제로 만나 볼까요?

폭탄먼지벌레는 야행성 곤충이며 들판보다는 숲속에서 많이 발견돼요. 따라서 이 친구를 만나려면 야간 산행을 해야 해요. 다행히 낮은 동네 야산에도 살아가기 때문에 멀리 갈 필요는 없어요.

속날개가 없어 날지 못하기 때문에 주로 바닥을 잘 살펴보아야 해요. 바닥에 죽은 곤충이나 동물이 있다면 주변에서 발견될 확률이 아주 높아요.

폭탄먼지벌레는 위협을 느끼면 몸속의 뜨거운 화학 물질을 분사해 상대방을 공격해요. 그래서 나뭇가지로 살짝 건드리면 뿡! 뿡! 소리와 함께 엉덩이에서 연기가 나는 걸 관찰할 수 있답니다! 하지만 맨손으로 만지면 화상을 입을 수 있으니 반드시 주의해야 해요.

채집 포인트 어두운 밤, 숲속에 놓인 곤충의 사체에 다가가 보자! **난이도** ★★☆☆☆

개미들의 저승사자
개미귀신

나는 개미귀신! 이름에서 유추할 수 없는 내 진짜 정체는 **명주잠자리의 유충**이야.

성충인 명주잠자리가 되면 유충과는 180도 다르게 변해. 4개의 커다랗고 투명한 날개로 우아하게 하늘을 날아다니지.

아니, 네가 이렇게 된다고?

내 겉모습은 잠자리와 비슷해도 잠자리와는 전혀 다른 류야!

웰컴 투 개미지옥!

등이 굽어 있는 게 내 특징이야. 또, 입 쪽에 아주 크고 무시무시한 턱이 발달해 있지.

주로 산기슭이나 하천 변의 모래밭에서 깔때기 모양의 구멍을 파고 지나가는 개미 등의 곤충이 빠지길 기다려. 내가 파 놓은 함정은 쉽게 빠져나가기 어려워서 **개미지옥**이라고 불러.

생긴 것만 봐도 무서운 건 왜일까? 뭔가 기괴해.

야, 다 들려. 좀 조용히 말하든가.

그래 봤자 넌 내 손바닥 안이야!

- ☑ **분류** 명주잠자리과
- ☑ **크기** 약 35~45mm
- ☑ **먹이** (성충) 모기, 하루살이 등의 날벌레
  (유충) 개미 등의 작은 곤충
- ☑ **서식지** 한국, 일본, 중국 등
- ☑ **활동 시기** 6~10월(성충)
- ☑ **특징** 굽은 등과 큰 턱

개미지옥에 빠진 개미가 탈출하려 하면 난 숨겨 둔 **필살기**를 꺼내. 바로 바로~ 개미에게 모래를 뿌려 함정 중앙으로 미끄러져 내려오게 만드는 거지! 그렇게 내 근처까지 온 개미를 커다란 턱으로 순식간에 낚아챈 뒤 소화액으로 천천히 녹여 먹어.

최고의 개미 사냥꾼, 개미귀신은 어디에서 만날 수 있을까요?

명주잠자리의 애벌레인 개미귀신은 하천 변이나 산기슭의 모래밭에서 쉽게 만나 볼 수 있어요.

"그동안 산에 많이 갔으니 오늘은 하천 변으로 가 봐야겠다!"

숲이나 수풀 근처 모래가 많은 곳을 자세히 살펴보면 깔때기 모양의 구멍들이 옹기종기 모여 있는데, 이게 바로 개미귀신이 파 놓은 개미지옥이에요. 이 개미지옥을 조심히 들추어 보면 작은 개미귀신들이 숨어 있을 거예요.

"생긴 건 무서워 보이지만 손에 올려놔도 위험하지 않아!"

"이렇게 하는 게 맞는 거야?! 왜 이렇게 힘들지?"

여름부터 가을까지는 개미귀신의 성충인 명주잠자리도 만날 수 있어요. 명주잠자리는 커다란 날개로 날아다니기 때문에 포충망으로 채집해야 한답니다!

생물도감 TIP

개미귀신이라는 별명의 또 다른 곤충이 있다!?

'길앞잡이'라는 곤충의 유충 또한 땅속에 구멍을 파고 숨어 있다 지나가는 개미를 사냥하기 때문에 개미귀신이라는 별명을 가지고 있어요.

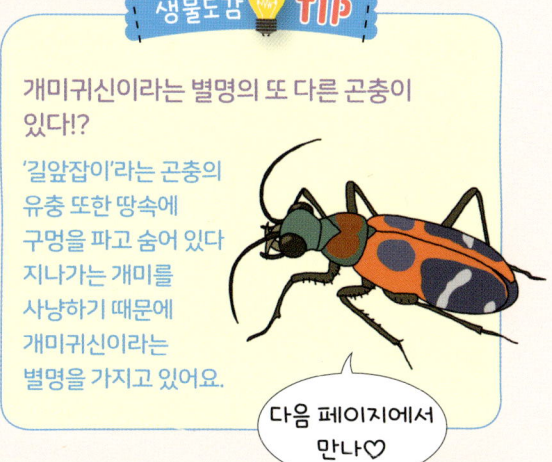

"다음 페이지에서 만나♡"

채집 포인트 수풀이나 바위 근처 모래밭을 유심히 살펴보자!

난이도 ★★☆☆☆

길을 안내해 주는 곤충
길앞잡이

반짝 반짝

난 눈부신 색을 띠고 있어. 마치 비단옷을 입은 것 같다고 해서 **비단길앞잡이**라고도 불려.

이름이 좀 특이하지?

내 이름은 길앞잡이! 산길을 지나가는 사람을 앞서가면서 가다 서다 하는 모습이 길을 안내해 주는 듯해서 붙여진 이름이야.

먼지 알지? 막 화려하고 눈부시고 난리 나는…. 그게 나야.

탁 탁

사냥감을 감지하고 제압하기 위한 커다란 눈과 강력한 턱, 빠르게 달리기 위한 긴 다리가 내 특징이야!

어흥~ 다 잡아먹어 버릴 테다!

성격이 워낙 사납고 공격적이어서 영어로 "Tiger beetle"(호랑이 딱정벌레)이라고 해.

진짜 사냥을 위해 최적화된 몸이구나?

유충은 땅속에 함정을 파고 숨어 있다가 땅바닥을 지나가는 개미와 같은 곤충들을 낚아채서 굴속으로 끌고 들어가. 그래서 명주잠자리 유충처럼 **개미귀신**이라는 별명이 붙었지!

- ☑ 분류 길앞잡이과
- ☑ 크기 약 18~20mm
- ☑ 먹이 각종 작은 곤충류
- ☑ 서식지 한국, 일본, 중국 등
- ☑ 활동 시기 4~6월, 8~9월
- ☑ 특징 크고 날카로운 턱과 비단옷을 입은 듯한 화려한 색감

너희가 그 유명한 개미 잡는 귀신들이구나~

촉이 와… 지금 무조건 도망쳐야 할 것 같아.

슬금 슬금

호랑이처럼 무섭고 비단처럼 화려한
길앞잡이를 함께 찾아볼까요?

우리나라엔 18종의 길앞잡이류가 살고 있어요. 오늘은 그중 가장 크고 화려한 "길앞잡이(비단길앞잡이)"를 찾아볼 거예요! 이들은 1년에 2회에 걸쳐 활동하는데 4월~6월, 8월~9월 사이에 활동해요.

아~ 길앞잡이 보러 가고 싶은 마음이 굴뚝같은데 아쉽게 7월이네.ㅎㅎ

길앞잡이류는 종류에 따라 서식하는 곳이 달라요. 길앞잡이(비단길앞잡이)는 주로 산기슭의 흙바닥으로 이루어진 길 주변에서 만날 수 있어요.

※ 사실 길앞잡이가 사람보다 앞서가는 이유는 길을 안내해 주는 게 아니라 사람과 일정한 간격을 유지하면서 도망치는 거랍니다.

인간들 무서워.ㅠㅠ 얼른 도망갈래!

어! 저 앞에 길앞잡이가 우릴 안내해 주고 있어!!

장비 발로 다 잡아 주겠어!

걷는 속도도 매우 빠르고, 위험한 순간엔 재빠르게 날아가기 때문에 손으로 잡기 어려워요. 그래서 꼭 포충망이 있어야 한답니다!

 **생물도감 TIP**

길앞잡이는 다리가 움직이는 속도가 너무 빨라서 시력을 담당하는 뇌가 그 속도를 따라가지 못한대요. 그래서 일시적으로 앞이 잘 보이지 않아 가다 서다 하는 거래요.

빨리빨리, 더 빨리!

으악@#$!~ 너무 빨라! 앞이 안 보여!!

채집 포인트 산기슭의 비포장길 주변을 잘 살펴보자!

난이도 ★★☆☆☆

둥글둥글 귀여운 외모
둥글장수풍뎅이

추천 영상 레디!

장수풍뎅이의 상징은 크고 강력한 뿔! 그런데 뿔이 없는 장수풍뎅이가 있다!?

있다! 그 이름은 바로 둥글장수풍뎅이!

불만 있슈?

장수풍뎅이인데 뿔이 없다고~?!

난 흑갈색에 전체적으로 아주 둥글고 매끈한 몸을 가지고 있어. 그리고 일반적인 장수풍뎅이와 달리 **머리나 가슴에 뿔이 발달해 있지 않지!**

나는 숲이 아닌 **들판이나 간척지**와 같은 평지에 살아가. 거기서 '띠'라고 불리는 벼과 식물 주변에 산란해. 알에서 나온 유충은 죽은 띠를 먹고 자라.

장수풍뎅이류의 날카로운 발톱도 내게서 찾아볼 수 없어. 대신 소똥구리처럼 **아주 작고 가는 발톱**을 가지고 있어.

내 발톱, 아주 작고 가늘어…. 소중하다고.

우린 생김새부터 습성까지 일반 장수풍뎅이와 조금씩 달라.

너에게는 어떤 발톱이 어울리려나?

우리의 생태는 최근에서야 알려지기 시작했어. 아직 연구가 부족해 밝혀지지 않은 게 많아.

이렇게 작고 가는 발톱을 가지게 된 이유는 나무가 아닌 **바닥을 기어 다니며 생활하기 때문이야.** 나무에 매달리기 위한 날카로운 발톱이 필요 없는 거지.

저는 작고 가는 발톱을 주세요!

역시 곤충의 세계는 끝이 없구나!

- ☑ **분류** 풍뎅이과
- ☑ **크기** 약 18~25mm
- ☑ **먹이** 띠(벼과 식물)
- ☑ **서식지** 한국, 중국 등
- ☑ **활동 시기** 6~8월
- ☑ **특징** 둥글둥글하고 광택이 나며 매끈한 체형. 하지만 단단한 몸!

멋진 뿔은 없어도 귀엽고 깜찍한 둥글장수풍뎅이! 어디에 살고 있을까요?

둥글장수풍뎅이는 일반 장수풍뎅이와 달리 숲속이 아닌 초지에서 살아가요. 특히 서해안 지역의 간척지 주변에서 많이 살아가고 있답니다.

서해안의 간척지를 둘러보면 여러 식물이 자라나고 있는데, 그중에는 벼과 식물인 '띠'가 아주 많아요. 이곳이 바로 둥글장수풍뎅이가 서식하는 곳이랍니다.

둥글장수풍뎅이를 잡으려면 삽이 필요해요! '띠'가 무성하게 자란 곳의 주변을 삽으로 파다 보면 죽은 띠의 뿌리를 먹고 있는 유충을 만날 수 있어요. 그리고 그 흙 속에서 성충도 함께 만나볼 수 있지요!

평소엔 땅속에 숨어 있지만, 밤이 되면 바닥을 기어 다니다 주변 인공조명에 날아들기도 해요. 간척지 주변의 가로등을 잘 찾아봐야 해요!

채집 포인트 간척지 주변의 띠 군락지를 찾아라!

난이도 ★★★★☆

두더지를 닮은 곤충
땅강아지

"날카로운 발톱까지 있어서 능력치 최상!"

"흙 속에 뭔가가 움직인다!"

"크기로 봤을 때 두더지는 아닐 테고! 오호라, 땅강아지로구나!"

"난 이름처럼 땅속을 파고들어 이곳저곳 돌아다니는 **땅파기 선수야.** 땅을 파기 좋게 앞다리도 넓고 튼튼하게 발달했어."

"선과 악을 모두 가지고 있지."

땅속을 돌아다니며 토양의 질을 좋게 만든다는 점에서는 이로운 곤충이지만, 일부 농작물을 갉아먹어 피해를 주는 해충이기도 해.

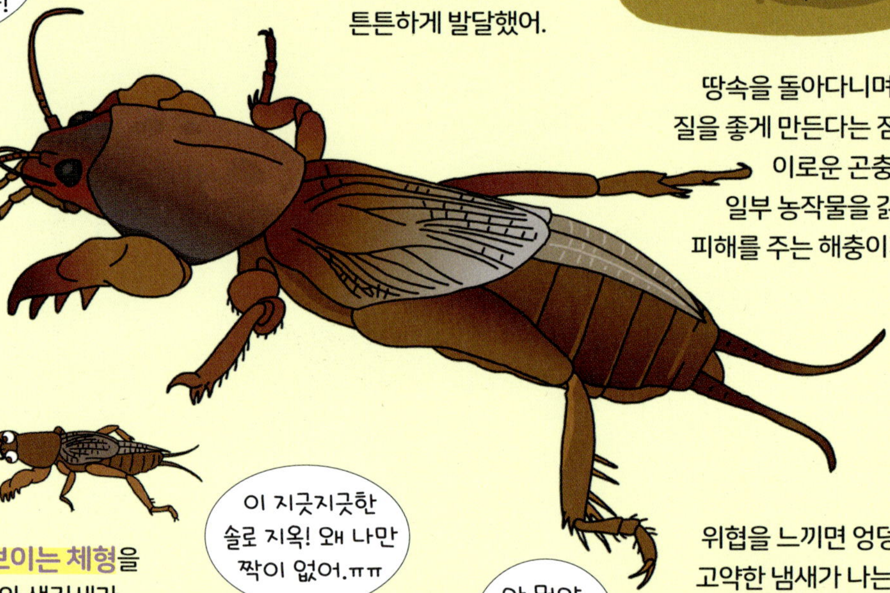

"누구냐?" "넌?"

마치 **땅콩처럼 보이는 체형**을 가졌어. 귀뚜라미와 생김새가 유사하지만, 귀뚜라미보다 몸이 더 가늘고 긴 편이야.

"이 지긋지긋한 솔로 지옥! 왜 나만 짝이 없어.ㅠㅠ"

위협을 느끼면 엉덩이에서 고약한 냄새가 나는 액체를 뿜어내서 자신을 방어해.

"아 뭐야, 너 방귀 뀌었어?"

"하, 나 아니야!"

또르르르~ 또르르르~

나 역시 메뚜기목에 속한 곤충인 만큼 **소리를 낼 수 있어.** 발음 돌기를 통해 "또르르르"하는 울음소리를 내면서 짝을 찾아.

"범인은 나지롱.ㅎㅎ"

뽕 웅

- 분류 땅강아지과
- 크기 약 30~35mm
- 먹이 식물 뿌리 등
- 서식지 한국, 일본, 대만 등
- 활동 시기 4~10월
- 특징 두더지를 닮은 앞다리에 귀뚜라미를 닮은 몸통!

곤충계의 땅파기 선수! 두더지를 쏙 빼닮은 땅강아지를 만나 보아요.

최근 날이 갈수록 땅강아지의 개체 수가 줄어들어 도심지에서 보기 어려워졌어요. 그래서 땅강아지를 만나려면 도시에서 조금 벗어나야 해요. 푸르른 들판이나 흙과 식물이 많은 하천 변 혹은 농작물이 많은 농촌으로 떠나 보아요!

땅강아지는 야행성 곤충이기 때문에 낮엔 대부분 땅속에서 쉬고 있어요. 만나 볼 확률이 높은 야간에 관찰하는 게 좋아요.

조용히 귀를 기울여 "또르르르~"하는 땅강아지의 울음소리를 듣는다면 조금 더 쉽게 땅강아지의 위치를 알아낼 수 있어요.

생물도감 TIP

땅강아지는 야행성 곤충이면서 비행 능력이 있기 때문에 야간에 시골 가로등 아래를 잘 살펴보면 빛에 날아든 땅강아지를 만날 수 있어요.

채집 포인트 — 발걸음을 멈추고 땅강아지의 울음소리를 들어 보자!

난이도 ★★★☆☆

난 사슴벌레가 아니야!
큰조롱박먼지벌레

엥? 모래밭에 웬 사슴벌레가 기어가고 있지?

난 딱정벌레과 조롱박먼지벌레아과에 속한 곤충이야. 몸의 형태가 조롱박과 닮았어.

첫! 난 사슴벌레가 아니라고!!

일반조롱박먼지벌레랑 차원이 다른 크기여서 이름에도 '큰'이 붙는구나!

진짜 얼핏 보고 사슴벌레인 줄 알았지 뭐야~

나무가 아닌 모래밭 주변을 기어 다니며 살기 때문에 발톱이 짧고 가늘어.

사사삭

이거 봐! 다 용도가 있다고!

나?

우리는 <mark>육식성 곤충</mark>으로, 머리에 달린 큰 턱을 무기로 사냥해. 이 턱 때문에 사슴벌레로 오해받기도 해.

역시 검은색 곤충들은 대체로 야행성이 많네!

으악!

- ☑ 분류 조롱박먼지벌레과
- ☑ 크기 약 30~40mm
- ☑ 먹이 작은 곤충류
- ☑ 서식지 한국, 일본, 중국 등
- ☑ 활동 시기 5~9월
- ☑ 특징 조롱박을 연상하게 하는 체형에 사슴벌레를 닮은 머리

<mark>야행성 곤충</mark>이라 낮에는 주로 모래 속에 숨어 있다가 밤이 되면 주변 풀숲을 돌아다녀.

짝짓기를 마친 암컷은 모래 속에 타원형의 알을 낳아. 부화한 유충은 이곳저곳을 돌아다니며 작은 곤충들을 사냥하며 자라.

사슴벌레를 닮은 멋진 큰조롱박딱정벌레를 만나려면 어디로 가야 할까요?

큰조롱박딱정벌레는 주로 바다 근처의 해안가에서 발견돼요. 따라서 산이 아닌 바다로 떠나야 해요!

곤충 채집하러 바다로 간다니! 뭔가 색다르고 설레.

거기 숨어 있는 거 다 안다~ 나와라 큰조롱박먼지벌레!

바닷가에 도착하면 우선 모래사장 주변의 수풀 지대를 살펴보세요. 야행성 곤충으로 낮에는 모래 속이나 은신처 아래 숨어 있기 때문에 야간에 살펴보는 것이 좋아요.

아 예…. 다 드시면 말씀하세요.

먹을 땐 건드리지 마세요.

가로등이나 야영장 식수대 주변에서도 큰조롱박먼지벌레가 자주 출현해요!

생물도감 TIP

우리나라에는 큰조롱박먼지벌레 이외에 외모가 아주 비슷한 '조롱박먼지벌레', '긴조롱박먼지벌레' 등이 있지만 큰조롱박먼지벌레가 압도적으로 커서 쉽게 구분할 수 있어요.

채집 포인트 바닷가 모래사장과 수풀이 만나는 지점을 공략하자!

난이도 ★★★☆☆

이제는 사라져 버린,
왕소똥구리

코뿔소를 닮은 멋진 곤충,
뿔소똥구리

매력적인 롱~~다리,
긴다리소똥구리

사람 똥이 너무 좋아!
보라금풍뎅이

은빛의 아름다운 외모,
은판나비

똥에서 찾아보아요!

우리나라에서 모습을 감춰 버린 왕소똥구리를 아직 만나 볼 수 있을까요?

과거엔 전국적으로 분포할 만큼 흔한 곤충이었던 왕소똥구리는 1993년에 멸종 위기종이 되어 버렸어요. 원래는 풀을 먹고 만들어 단단하던 소똥이 가축 산업의 발달로 사료와 항생제를 먹은 묽은 소똥으로 바뀌었기 때문이에요.

풀을 안 먹으니까 내가 굴릴 똥이 없어...

이후 태안 신두리 해안 사구를 비롯한 극히 일부 지역에 소수가 살아남아 있었어요. 하지만 안타깝게 이마저도 사라지고, 2004년 마지막 개체가 기록된 이후 지금까지 발견되지 않고 있어요.

벌써 20년 가까운 세월 동안 보이지 않다니…. 정말 사라진 거니?

분명 우리나라 어디에선가 조용히 살고 있을 거라 믿어 의심치 않아!

사람들은 왕소똥구리를 복원하기 위해 과거 서식지에 소를 방목하고 있지만, 안타깝게도 왕소똥구리의 소식은 들리지 않고 있어요.

생물도감 TIP

소똥에서 발견되는 풍뎅이라고 다 소똥구리가 아니랍니다. 소똥엔 일반 똥풍뎅이나 송장벌레들도 발견돼요.

앗 소똥구… 리인 줄 알았는데 아니네. 쯧;;

관찰 포인트 — 대한민국 어디엔가 살아남아 있기를!

난이도 ★★★★☆

코뿔소를 닮은 멋진 곤충
뿔소똥구리

추천 영상 레디!

"내가 똥 좀 먹는다는 곤충 사이에선 가장 멋있게 생겼지!"

"오늘도 냄새나는 똥을 뒤질 만반의 준비 완료~!"

"그래도 입 쪽은 부채꼴 모양이라 똥 파내기 안성맞춤이야~"

"나 하고 닮았네?!"

난 우리나라에 서식하는 소똥구리과 중에 가장 굵고 멋진 뿔이 있어.

(트리케라톱스)

수컷과 암컷은 생김새가 전혀 달라.
수컷은 머리의 멋진 두각과 가슴판의 흉각을 가지고 있지만, 암컷은 이러한 뿔이 없고 둥글둥글해.

공룡이다!
내 이마에는 **아주 크고 멋진 뿔**이 자라 있어. 그리고 가슴판이 아주 높고 각지게 솟아 있어서 코뿔소나 트리케라톱스라는 공룡을 연상케 해.

그런데 수컷 뿔소똥구리라고 해서 모두 크고 멋진 뿔이 있는 건 아니야. 애벌레 때 먹이를 충분히 못 먹고 자라면 작고 초라한 뿔을 가지게 돼.

"경단을 굴리기엔 다리가 너무 짧구나~ㅋㅋ"

- ☑ 분류 소똥구리과
- ☑ 크기 약 18~30mm
- ☑ 먹이 소, 말 등 초식성 동물의 똥
- ☑ 서식지 한국, 일본, 중국 등
- ☑ 활동 시기 6~10월
- ☑ 특징 코뿔소와 장수풍뎅이를 연상케 하는 길고 멋진 뿔과 세로 줄무늬가 새겨진 딱지날개

왕소똥구리와 달리 똥을 굴리면서 이동하지 못하고 똥 바로 아래에 굴을 파고 아래에 경단을 만들어.

"네 다리는 어떻고!"

"으이그, 밥은 먹고 다니니?"

"어렸을 때 밥 좀 잘 챙겨 먹을걸…."

소똥구리계의 조각 미남!
뿔소똥구리를 찾아보아요!

뿔소똥구리를 만나려면 제주도로 떠나야 해요! 뿔소똥구리가 제주도에만 서식하는 건 아니에요. 하지만 제주도에는 방목하는 소나 말이 아주 흔해서 뿔소똥구리를 찾기 쉽거든요!

"휴~ 제주도까지 와서 냄새나는 똥을 뒤져야 한다니!"

"오, 뿔소똥구리가 여기로 파고들었구나!"

방목 중인 소나 말을 발견하면 주변 바닥에 놓인 똥을 살펴보세요. 소똥이나 말똥에 동전만 한 구멍이 뚫려 있는 걸 발견했나요? 그게 바로 뿔소똥구리가 파고들어 간 흔적이에요!

"저기, 잠시만! 위험하니까 절대 소나 말 가까이에는 접근하지 말기, 약~속!"

생물도감 TIP

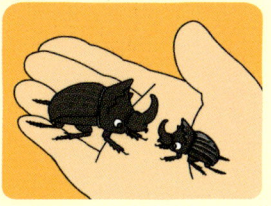

뿔소똥구리를 닮은 애기뿔소똥구리!
애기뿔소똥구리는 뿔소똥구리보다 훨씬 작고, 가슴판의 흉각 양쪽 끝이 뾰족하게 발달했어요. 멸종 위기 야생 생물 2급으로 지정되어 채집해서는 안 된답니다.

똥의 구멍 아래를 삽으로 조심히 파면 뿔소똥구리를 만날 수 있을 거예요.

채집 포인트 똥 위에 뚫려 있는 동전 크기의 구멍을 찾아라!

난이도 ★★★☆☆

매력적인 롱~~다리
긴다리소똥구리

크기는 작아도 다리 비율만큼은 모델급이야~

둥그런 경단을 잘 굴릴 수 있도록 **다릿마디가 둥글게 휘어 있는 것**이 특징이야.

심지어 사람의 똥을 먹기도 해!

으악~ 내 똥 먹지 마!

난 뒷다리가 몸에 비해 아주 길게 발달해 있는 긴다리소똥구리야.

바쁘다~ 바빠~ 곤충 사회!

초식성 동물의 똥은 물론 멧돼지, 너구리와 같은 잡식성 동물의 똥에도 모여들어. 심지어 사람의 똥인 인분까지도 먹어!

소똥구리류 중 **비행 능력이 뛰어난 편**이라, 주변에서 신선한 똥을 발견하면 순식간에 날아들어.

어디 갔다가 이제 왔어!

유일하게 남아 있는 똥 굴리는 소똥구리라니….

우리나라에 서식하며 똥 굴리는 습성을 가진 소똥구리는 '소똥구리', '왕소똥구리', '긴다리소똥구리', 단 3종이었어. 하지만 최근 급격한 환경의 변화로 **모두 사라지고 긴다리소똥구리만 남았어.**

나 역시 1990년대 이후 자취를 감췄다가 20년만인 지난 2003년부터 다시 관찰되기 시작했어.

- ☑ 분류 소똥구리과
- ☑ 크기 약 10mm 내외
- ☑ 먹이 다양한 포유류의 똥
- ☑ 서식지 한국, 유럽, 시리아 등
- ☑ 활동 시기 4~7월
- ☑ 특징 손톱만큼 작은 체형에 메뚜기 다리 같은 기다란 뒷다리

환영합니다.

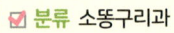

긴다리소똥구리를 유혹하는 방법은 아주 독특해요!

긴다리소똥구리는 그동안 매우 귀하게 발견되어 왔기 때문에 아직 생태가 잘 알려지지 않았어요. 보통 봄부터 초여름 사이에 강원도 산간 지역에서 발견된답니다.

활동성이 가장 좋은 시기는 5월이에요. 따뜻한 햇빛이 반짝이는 5월, 긴다리소똥구리의 서식지 주변에서 이 친구들이 먹을 만한 똥을 찾아보아요.

미리 소똥이나 말똥을 챙겨 가면 좋아요! 근처 목장이나 마구간에서 똥을 얻어 산속에 잠시 놓아두면 머지않아 냄새를 맡고 여기저기서 날아든답니다.

생물도감 TIP

소똥구리는 힘이 얼마나 셀까?

소똥구리는 자기 몸보다 무려 30배 무거운 물체도 움직일 수 있을 만큼 힘이 세요. 그래서 무거운 경단도 쉽게 굴릴 수 있답니다.

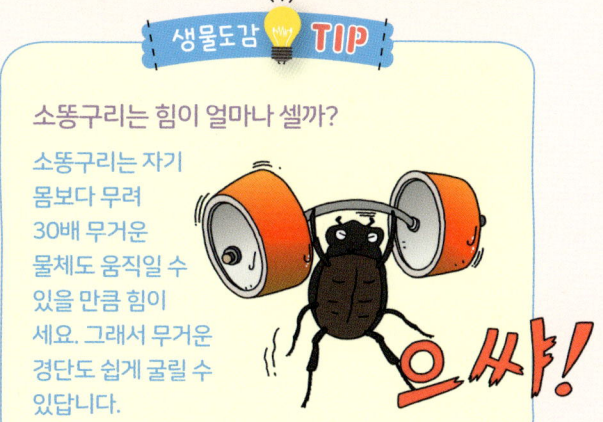

채집 포인트 서식지 주변에 소똥이나 말똥 트랩 놓기!

난이도 ★★★★☆

사람 똥이 너무 좋아! 보라금풍뎅이

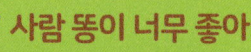

"곤충 중에 보라돌이는 흔치 않을걸?"

"오~ 이름은 보라인데 색깔은 다양하네?"

난 금풍뎅이과 곤충이야. 강렬하고 **반짝이는 보랏빛**을 띠어서 '보라금풍뎅이'라는 이름이 붙여졌어.

지역이나 개체에 따라 색상 변이가 나타나는데, 종종 푸른색이나 초록색 개체가 발견되기도 해.

"다들 왜 이렇게 똥에 집착해!?"

"보라금풍뎅이를 알아볼 수 있는 특징이 아주 많네!?"

내 아랫면과 다리에는 부드러운 털이 발달해 있고, 입 쪽에는 튼튼한 턱이 있어. 그리고 딱지날개엔 점열로 이루어진 14개의 줄이 나 있어.

소똥구리와 비슷하게 동물의 배설물을 둥글게 뭉쳐서 땅속으로 가져가. 그 안에 산란하고, 유충은 그걸 먹고 자라지!

손으로 잡으면 배마디를 움직여 마찰시키면서 '끽~끽~'하는 **소리를 내.** 일종의 경고음이지.

"악! 설마 너 사람 똥을 먹고 있었던 거야?"

난 **사람의 똥**도 굉장히 좋아해. 그리고 똥 이외에도 동물의 사체 등에 모여들어 **숲속을 청소해주는 청소부 역할을 하지!**

"아~ 장수풍뎅이랑 비슷한 원리로 소리를 내는구나!"

- ☑ **분류** 금풍뎅이과
- ☑ **크기** 18~20mm
- ☑ **먹이** 동물의 사체나 배설물
- ☑ **서식지** 한국, 일본, 중국 등
- ☑ **활동 시기** 3~10월
- ☑ **특징** 둥글둥글한 체형에 광이 나는 보랏빛 발색

**독특한 식성을 가진 보석 곤충!
보라금풍뎅이를 찾으러 떠나 볼까요?**

TV생물도감의 **곤충채집 LIVE**

보라금풍뎅이는 우리나라 전역에 넓게 서식하고 있는 데다 이른 봄부터 가을까지 꾸준히 활동하기 때문에 겨울을 제외하면 언제든 만날 수 있어요. 다만 산속에 서식하는 산지성 곤충이다 보니 근처 야산으로 떠나야 해요.

규모가 큰 산으로 가야 만날 확률이 높아져요! 산이 커야 야생 동물이 많이 서식하고, 보라금풍뎅이가 먹을 수 있는 배설물들도 많아지기 때문이지요.

생물도감 TIP
산지에 있는 간이 화장실 주변을 잘 살펴보면 화장실 냄새에 이끌려 날아온 보라금풍뎅이를 만날지도 몰라요!

역시나 산속에서 동물의 똥을 찾기란 하늘의 별 따기! 그래서 보라금풍뎅이를 유인할 소똥을 준비해 봤어요. 그렇게 몇 시간이 흐르고, 드디어 보라금풍뎅이 발견!

채집 포인트 동물의 똥을 찾는 것이 우선 과제!

난이도 ★★★☆☆

은빛의 아름다운 외모
은판나비

"이게 포인트구나!"

"우와, 진짜 은갈치가 떠오르는 아름다운 색이야!"

"자연은 참 신비로워! 은색 빛의 날개가 있을 수 있다니."

윗면은 흑갈색 바탕에 흰색 반점이 여기저기 나타나며 개체에 따라 **주황색 포인트**가 있기도 해.

"뭘 또 그렇게까지 가까이에서 보시나~"

난 **네발나비과** 중에서도 대형 종에 속하는 나비야. 날개의 **아랫면이 전체적으로 은빛**이야.

내 진짜 매력은 아랫면에서 나타나. 전체적으로 밝은 은청색을 띠고, 중앙과 테두리에는 주황색 띠가 있는 게 특징이야!

- ☑ 분류 네발나비과
- ☑ 크기 80~110mm
- ☑ 먹이 유충 느릅나무, 느티나무 등
  성충 나무 수액, 동물의 사체나 배설물 등
- ☑ 서식지 한국, 중국 등
- ☑ 활동 시기 6~8월
- ☑ 특징 아랫면의 눈부신 은빛 발색

활엽수의 수액을 먹기도 하지만 **동물의 사체나 배설물에도 모여.** 똥을 직접적으로 먹는 건 아니지만, 똥 속에 포함된 수많은 영양물질을 섭취하기 위해 모여드는 거야.

"곧 있으면 나도 아름다운 날개를 가진다고~"

"아냐, 나도 다리는 여섯 개라고~"

"하나, 둘, 셋, 넷? 다리가 네 개야?"

네발나비과답게 앞다리가 짧게 몸 쪽으로 붙어 있어서 겉으로 보기엔 다리가 4개인 것처럼 보이지.

"동물 똥은 훌륭한 간식!"

알에서 부화한 유충은 느릅나무나 느티나무의 잎을 갉아먹고 성장하다가 애벌레 상태로 겨울잠을 자. 그리고 이듬해 여름, 멋진 성충으로 우화하지.

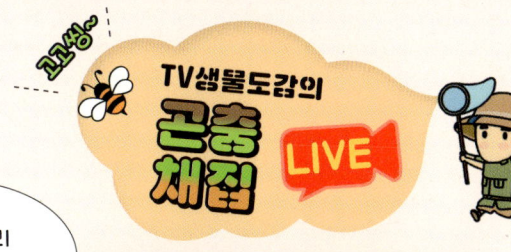

은빛 날개가 매력적인 은판나비를 찾아라!

은판나비는 우리나라 섬 지역을 제외한 전국에 서식하는 나비예요. 하지만 사람들에게 쉽게 보이지는 않아요. 이 친구들이 깊은 숲속에 살아가기 때문이에요.

6월 중순에서 8월 사이에, 규모가 있는 산속의 계곡 주변에서 은판나비를 발견할 수 있어요. 수컷은 물가의 젖은 바닥에 내려앉아 수분 속의 미네랄을 섭취하곤 해요. 그리고 영양분 흡수를 위해 동물의 사체나 배설물 등에 모여든 모습도 볼 수 있어요.

사실 은판나비만 동물의 배설물에 모여드는 습성을 가진 건 아니에요. 생각보다 많은 종류의 나비들이 동물의 배설물 속에서 영양분을 섭취한답니다!

생물도감 TIP

나비의 괴~상한 식성

나비는 종류에 따라 꽃의 꿀, 혹은 나무의 수액을 먹어요. 하지만 꽃과 꿀에선 염분을 섭취할 수 없어, 때에 따라 사람의 땀이나 동물의 눈물 등에서 염분을 얻는답니다.

채집 포인트 동물의 똥을 찾는 것이 관건!

난이도 ★★★☆☆

팅커벨을 닮은 곤충,
긴꼬리산누에나방

나비보다 예쁜,
참나무산누에나방

박쥐야, 곤충이야?
왕물결나방

난폭한 멋쟁이,
톱사슴벌레

앙증맞은 꼬마 곤충,
다우리아사슴벌레

신비주의 곤충,
수염풍뎅이

장수하늘소를 닮은 희귀 곤충,
영양사슴하늘소

숲속의 청소부,
검정송장벌레

조명에서 찾아보아요!

팅커벨을 닮은 곤충
긴꼬리산누에나방

추천 영상 레디!

"역시 모두 날 보고 팅커벨로 착각하는군!"

"팅커벨인 줄 알았던 생물이 너였구나!"

"어? 내가 잘못 봤나? 방금 팅커벨이 지나간 것 같았는데…."

날개는 아름다운 **옥빛**이고, 뒷날개에 꼬리처럼 보이는 **미상돌기**가 길게 발달해 있어.

내 얼굴과 몸은 나방답게 복슬복슬하고 뽀송뽀송한 털로 뒤덮여 있어.

내 날개는 100mm 정도로 아주 커. 앞날개 테두리에는 **적색 띠**가 선명하고 각 날개엔 **노란빛의 반점**이 하나씩 있어.

"반점이 너무 신기하게 나 있다!"

복슬 복슬

"내 털 만져 보고 싶지 않아?"

무럭무럭 성장한 유충은 '**번데기 방**'을 짓게 돼. 몸에서 실을 토해 나뭇잎을 몸에 감싸 고정해.

야행성 곤충이라 낮에는 나뭇잎이나 가지에 매달려 쉬다가 밤이 되면 활발하게 활동해.

- ☑ 분류 산누에나방과
- ☑ 크기 약 90~110mm
- ☑ 먹이 (유충) 밤나무, 참나무, 단풍 등 활엽수의 잎
- ☑ 서식지 한국, 일본, 러시아 등
- ☑ 활동 시기 4~8월
- ☑ 특징 옥빛 날개에 팅커벨을 닮은 외형

야호!

"드디어 어둠이 왔다! 이제 숲속은 내 세상~"

"보아라, 이 감쪽같은 위장!"

피터팬에 나오는 팅커벨을 닮은
긴꼬리산누에나방을 함께 찾아봐요.

우리 주변에서 긴꼬리산누에나방을 보기는 쉽지 않아요. 이 친구들을 만나려면 숲이 우거진 깊은 산속으로 떠나야 한답니다.

우거진 산속이라도 낮에는 만나기 어려워요. 왜냐하면 이들은 야행성 곤충이기 때문이지요!

바로 숲 주변에 있는 가로등 불빛을 찾아보면 돼요. 이 친구들은 일반적인 나방처럼 불빛만 보면 날아드는 습성이 있거든요.

생물도감 TIP

긴꼬리산누에나방과 너무나도 닮은 옥색긴꼬리산누에나방! 이 두 종은 이름처럼 생김새도 매우 닮아서 일반인들은 구별하기가 쉽지 않답니다.

채집 포인트 깊은 숲속 주변 가로등 불빛을 살펴보자.

난이도 ★★☆☆☆

나비보다 예쁜
참나무산누에나방

추천 영상 레디!

안녕, 나는 **거대한 크기**에 화려한 색깔을 가진 참나무산누에나방이야!

산누에나방과에 속하며 주로 참나무류의 나무를 **기주식물**로 삼아. 이름만 봐도 특성을 알 수 있겠지?

알에서 부화한 유충은 주변 활엽수 잎을 갉아먹고 성장해. 그 후 번데기가 될 즈음 실을 토해내서 고치를 만들어!

거대한데 화려하기까지 하다니! 기대된다~ 두근두근~

기주식물이란 곤충의 먹이가 되는 식물을 뜻해!

다른 누에나방의 실보다 훨씬 고급 재료라고!

으쓱

내가 기주식물?

- ☑ 분류 산누에나방과
- ☑ 크기 약 115~140mm
- ☑ 먹이 유충 참나무, 밤나무 등의 활엽수 잎
- ☑ 서식지 한국, 일본, 중국 등
- ☑ 활동 시기 7~9월
- ☑ 특징 커다란 크기 + 날개 중앙에 있는 눈 모양의 무늬

몸속에서 실을 만들어 낸다고? 신기하다!

이 고치가 바로 옷을 만들 때 쓰는 명주실의 재료야! 특히 참나무산누에나방의 고치는 '**천잠**'이라고 부르지.

참나무산누에나방은 아주 커다란 날개를 가졌어. 개체에 따라 날개의 색깔이 다른데, 가장 흔한 노란색부터 살구색, 분홍색, 밤색 등등 다양해! 각 날개의 중앙엔 **동물의 눈을 닮은 원형 무늬**가 그려져 있어. 신비롭지?

나방의 암수 구분은 어떻게 할까?

수컷   암컷

눈이 대체 몇 개야?

한마디로 내가 더 크고 화려하다는 말씀!

눈이 아니라 무늬입니다~

대부분의 나방은 **더듬이**로 암수 구분을 할 수 있어! 참나무산누에나방도 마찬가지! 암컷의 더듬이는 가느다란 실 모양이야. 그에 반해 수컷의 더듬이는 부채처럼 넓게 펴져 있어! 암컷의 페로몬 냄새를 맡기 위해서야.

나비를 닮은 거대한 참나무산누에나방!
함께 찾으러 가 볼까요?

참나무산누에나방 역시 야행성이기 때문에 직접 찾기 쉽지 않아요. 여기서 퀴즈! 그렇다면 나방을 어떻게 유인할 수 있을까요? 정답은 바로 불빛을 향해 모여드는 나방의 특성을 활용하기!

채집 포인트 여름밤 깊은 산속의 가로등을 공략하라!   난이도 ★★☆☆☆

박쥐야, 곤충이야?
왕물결나방

추천 영상 레디!

"박쥐다! 박쥐가 나타났다! 잠깐, 넌 박쥐가 아니잖아?"

"놀라긴, 이 몸은 박쥐가 아니라 나방이올시다!"

'왕물결나방'이란 이름은 검은색과 갈색이 섞인 독특한 **물결무늬 날개** 때문에 붙여졌어.

"넌 어느 별에서 왔니?"

"지구입니다만."

우리들의 유충은 머리와 배 끝에 길고 **독특한 모양의 돌기**가 발달해 있어서 마치 외계 생명체를 보는 것 같아!

"이야~ 이름값 하네."

내 날개가 워낙 크고 어두워서 박쥐나 새로 착각하는 경우도 많아.

유충은 번데기로 성장해서 흙 속에서 겨울을 보내. 번데기도 성충처럼 어두운색을 가지고 있어.

"앞으로는 내 이름을 기억해 달라고~"

"갖고 싶다. 저 날개…"

"흥!"

"유충, 번데기, 성충까지 온통 검구나!"

우리나라 나방 중에 **손꼽히게 큰 날개**를 가지고 있어. 검은 털로 뒤덮인 몸에 살굿빛 띠를 두른 옆 라인이 포인트지.

- ☑ 분류 왕물결나방과
- ☑ 크기 약 100~120mm
- ☑ 먹이 유충 쥐똥나무, 사철나무 등의 잎
- ☑ 서식지 한국, 일본, 러시아 등
- ☑ 활동 시기 5~8월
- ☑ 특징 검고 커다란 날개에 선명한 물결무늬

박쥐를 닮은 곤충, 왕물결나방!
같이 찾으러 가 볼까요?

왕물결나방은 주변에서 쉽게 만날 수 있는 곤충이에요. 5~8월 밤에 활동하며, 서식지가 넓어서 전국 대부분의 지역에서 관찰할 수 있답니다.

불빛을 보면 달려드는 나방의 특성을 이용해 주변의 가로등이나 등불로 유인해 보아요~

생물도감 TIP

왕물결나방 vs 산왕물결나방

왕물결나방과 산왕물결나방은 크기와 생김새, 심지어 무늬까지 비슷하게 생겼어요. 하.지.만! 배마디의 황갈색 띠로 구분할 수 있다는 사실!

채집 포인트: 쥐똥나무 주변을 잘 살펴보자!

난이도 ★★☆☆☆

난폭한 멋쟁이
톱사슴벌레

추천 영상 레디!

와, 포스 장난 아닌데?

그만큼 날카롭다는 거지~

나는야 **검붉은 몸**에 **날카로운 턱**을 가진 톱사슴벌레!

내 이름은 턱 안쪽에 발달해 있는 여러 개의 내치가 마치 **톱날 같다**고 해서 붙여졌어. 지역에 따라서 쇠스랑, 가위 등의 방언으로 불리기도 해!

유충은 썩은 나무의 밑동을 아주 좋아해! 그래서 썩은 나무의 뿌리를 뽑으면 톱사슴벌레를 많이 볼 수 있다는 사실!

사랑해요, 썩은 나무♡

우린 다 같은 톱사슴벌레!

나는 크기에 따라 턱의 형태가 달라져. 소형 개체에서 대형 개체로 갈수록 턱이 아래로 휘어지고 내치의 개수도 적어지지.

성충이 되기 위해 나무를 탈출해야겠어!

하나 더! 성장한 유충은 나무에서 나와 흙 속에 **'번데기 방'**을 만들어!

나 떨고 있니?

- ☑ 분류 사슴벌레과
- ☑ 크기 약 27~72mm
- ☑ 먹이 활엽수 나무의 수액
- ☑ 서식지 한국, 일본, 중국 등
- ☑ 활동 시기 6~8월
- ☑ 특징 검붉은 몸에 아래로 휘어진 턱

건들지 마라… 경고했다…

훗, 난 그 어떤 사슴벌레보다도 난폭하기로 유명해! 이렇게 근처에 손가락만 대도 몸을 세우고 큰 턱으로 위협하지!

암컷 이야기 암컷은 **타원형의 체형**을 가지고 있어. 이 부분이 다른 사슴벌레의 암컷과 다른 점! 썩은 나무에 알을 낳아.

난폭하지만 매력 넘치는 톱사슴벌레!
함께 만나러 떠나 볼까요?

톱사슴벌레는 우리나라 대부분의 지역에서 서식해요. 특히 6월 중순부터 8월에 도토리나무가 많은 숲을 찾아가면 만날 수 있어요!

톱사슴벌레는 참나무 수액을 먹고 살아요! 앗, 저기 참나무가 있네요! 수액이 흐른다면 톱사슴벌레를 만날 수 있을지도 몰라요!

톱사슴벌레는 불빛을 보고 날아드는 성질이 있어요! 밤에는 숲 주변의 가로등 주위를 살펴보세요!

생물도감 TIP

나무에 진동을 줘라!
톱사슴벌레는 진동에 굉장히 민감한 곤충이에요. 야행성이기 때문에 낮에는 주로 나뭇가지 위에서 쉬고 있지요. 이때 나무를 흔들거나 진동을 주면 깜짝 놀라서 바닥으로 떨어져요!

채집 포인트 도토리나무 숲 주변의 불빛을 공략하라!   난이도 ★★☆☆☆

앙증맞은 꼬마 곤충

다우리아사슴벌레

어라, 이 사슴벌레는 턱이 위로 솟아 있네? 혹시 화났니?

무슨 소리! 이게 바로 내 매력 포인트!

아~ 어쩐지 이름이 너무 예쁘더라~

다우리아사슴벌레에서 '다우리아'는 러시아의 지역을 가리켜.

몸집이 작은 만큼 힘이 약해. 그래서 다른 사슴벌레들의 활동 기간을 피해 늦여름부터 활동하지. 수명도 약 1~2개월로 짧아.

꼬꼬마구나!

빠직

난 작고 연약하다고

작다고 놀려서 미안해..

나는 다른 사슴벌레에 비해 **크기가 작아.** 다 자라도 4cm 내외에 불과하거든.

톱사슴벌레와 비슷한 적갈색 몸을 가지고 있지만 턱의 방향은 서로 반대야!

난 위~
난 아래~

유충은 몸집이 작아서 큰 나무뿐만 아니라 손목 굵기의 썩은 나뭇가지에서도 발견할 수 있어.

반짝반짝

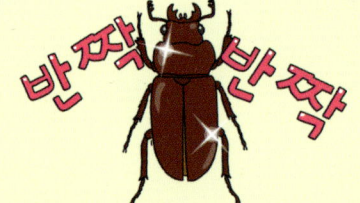

날씬해서 나뭇가지도 문제없지~

- ☑ 분류 사슴벌레과
- ☑ 크기 약 15~42mm
- ☑ 먹이 활엽수 나무의 수액
- ☑ 서식지 한국, 일본, 시베리아 등
- ☑ 활동 시기 7~9월
- ☑ 특징 검붉은 몸에 하늘 위로 휘어진 턱

암컷 이야기 암컷은 반짝거리는 광택을 가지고 있어! 크기가 작아서 사슴벌레가 아닌 다른 곤충으로 착각하기도 해. 다른 사슴벌레들처럼 썩은 활엽수에서 알을 낳아.

작지만 멋진 다우리아사슴벌레를 만나러 가 보자고~

다우리아사슴벌레는 야행성이고 고지대에서 살아요. 어느 정도 규모가 있는 숲으로 가야 만날 수 있어요!

보통 사슴벌레 채집은 한여름에 하는 것이 보통이지만, 다우리아사슴벌레는 무더위가 끝나기를 기다려야 해요. 8월 초순에서 8월 중순 사이에 가장 왕성하게 활동한답니다.

높은 나뭇가지에서 주로 활동하기 때문에 숲에서도 쉽게 눈에 띄지 않아요. 하지만 작고 가벼운 몸 덕분에 비행 실력이 뛰어나서 가로등과 같은 조명에 쉽게 날아들어요!

생물도감 TIP

사슴벌레는 대체로 성충 상태로 월동하지만 다우리아사슴벌레는 유충인 상태로만 겨울을 난답니다!

성충을 만나려면 늦여름을 노려야 하는구나!

채집 포인트 늦여름 산지 주변의 불빛을 공략하라!

난이도 ★★☆☆☆

신비주의 곤충
수염풍뎅이

얘 좀 봐! 머리에 부채를 달고 다니네?

내 더듬이를 뭐로 보고?

그러고 보니 수염처럼 보이기도 하네!

수염풍뎅이라는 이름은 활짝 펼친 더듬이 모양이 수염과 닮았다고 해서 붙여진 거야.

엣헴~

매력 만점 더듬이의 비밀!
내 더듬이는 총 10개의 마디로 이루어져 있어. 이 중에서 7마디가 납작하고 긴 형태로 되어 있는데 이것을 펼치면 부채 모양이 돼!

내 생활에 대해서는 알려진 사실이 별로 없어. 한 가지 확실한 건 하천 주변의 초지에서만 발견된다는 것! 우리가 어떤 식물을 먹고 살아가는지는 아직 연구 중이라고 해!

뭐야, 완전 신비주의잖아?

알아낼 테면 알아내 봐~

딱지날개에 있는 흰색 얼룩도 빼놓으면 섭섭하지~

부채 모양의 더듬이는 수컷에게만 해당하는 이야기야. 수컷은 이 커다란 더듬이를 이용해 쉽게 암컷을 찾아 짝짓기를 할 수 있어!

우리 집을 돌려 달라~ 돌려 달라!

- ☑ 분류 검정풍뎅이과
- ☑ 크기 약 33~37mm
- ☑ 먹이 확인 불가
- ☑ 서식지 한국, 일본, 몽골 등
- ☑ 활동 시기 6~7월
- ☑ 특징 부채처럼 활짝 펼쳐지는 독특한 모양의 더듬이

우웅~ 찾았다. 내 사랑!

안타깝게도 우리는 해가 갈수록 개체 수가 급격히 감소하여 **멸종 위기 야생 동물 1급**으로 지정됐어. 최근 늘어나는 하천 공사로 인해 수염풍뎅이의 서식지가 파괴되고 있거든. 이대로 두면 멸종되어 버릴지도 몰라!

비밀이 많은 곤충 수염풍뎅이! 어떻게 볼 수 있을까요?

수염풍뎅이는 6월~7월 사이에 활동하고 주로 하천 주변의 풀과 나무가 자라는 곳에서 발견돼요! 하지만 수염풍뎅이가 어떤 식물을 먹고 사는지 알려지지 않아서 관찰이 어렵답니다.

수염풍뎅이, 너란 곤충! 지독하게 보고 싶다!

이마저도 최근 잦은 하천 개발로 인해 서식지가 파괴되면서 이제 수염풍뎅이를 볼 수 있는 지역은 손에 꼽아요.

멸종 위기라더니… 정말 만나기 어렵구나ㅠㅠ

고마워, 친구!

수염풍뎅이를 만나면 하천 주변 숲에 살려주기로 우리 모두 약속~!

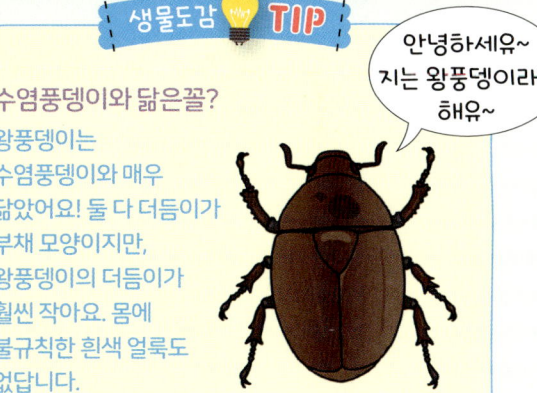

생물도감 TIP

수염풍뎅이와 닮은꼴?

왕풍뎅이는 수염풍뎅이와 매우 닮았어요! 둘 다 더듬이가 부채 모양이지만, 왕풍뎅이의 더듬이가 훨씬 작아요. 몸에 불규칙한 흰색 얼룩도 없답니다.

안녕하세유~ 지는 왕풍뎅이라고 해유~

하지만 포기하긴 일러요! 간혹 하천 주변의 인공조명에 날아드는 경우도 있어요!

 하천 주변의 인공조명을 살펴보자!

난이도 ★★★★☆

장수하늘소를 닮은 희귀 곤충
영양사슴하늘소

추천 영상 레디!

이름 안에 서식지와 생김새가 다 포함되어 있네!

사슴벌레인가, 하늘소인가. 그것이 문제로다!

땡! 둘 다 아니거든!

이름에서 '영양'은 영양사슴하늘소가 처음 발견된 경북 영양을 가리켜! '사슴하늘소'는 생김새가 마치 사슴벌레와 하늘소를 합친 것 같다는 데서 유래한 거야!

내 커다란 턱과 날카로운 발톱은 사슴벌레와 닮았고 기다란 더듬이는 하늘소와 비슷하게 생겼어.

누구냐? 넌?

난 나일뿐이야~

자랑스러워~

이렇게 멋진 곤충이 우리나라에서 발견되다니!

난 우리나라에서 2001년에 처음 발견된 후 경북 영양을 중심으로 매우 드물게 발견되는 희귀 곤충이야! 알려진 정보가 별로 없는 미지의 곤충이기도 하지.

- ✅ 분류 사슴하늘소붙이과
- ✅ 크기 약 60mm 내외
- ✅ 먹이 나무 수액
- ✅ 서식지 한국, 중국 등
- ✅ 활동 시기 6~8월
- ✅ 특징 장수하늘소를 닮은 생김새

오잉! 반전이네!

암컷이 알을 굉장히 많이 낳기로 유명해! 수백 개의 알을 뭉쳐서 산란하지. 알에서 부화한 유충은 뿔뿔이 흩어져서 생활해.

이름, 생김새와 달리 사실 나는 하늘소와 전혀 관련이 없어! 거저리상과에 속하기 때문에 하늘소보다는 오히려 거저리에 가깝다고 할 수 있지!

잘 있거라, 아우들아. 나는 나의 길을 간다.

또 하나! 나무 수액을 먹는 성충과 달리, 유충은 육식을 한다는 사실!

나이 드니까 입맛도 변하더라고~

**희귀해서 더 만나고 싶은 영양사슴하늘소!
지금 찾으러 가 보아요!**

영양사슴하늘소는 경북 영양군을 비롯한 동해안 산간 지역에서 매우 드물게 발견돼요. 그렇다면 이 지역으로 떠나 봐야겠죠?

주로 6월부터 8월 사이에 발견되는데 어떤 나무에서 사는지는 알려지지 않았어요. 심지어 유충은 아직 우리나라 자연에서 발견된 적이 없답니다.

하지만 만나 볼 방법이 전혀 없는 건 아니에요. 지금까지 영양사슴하늘소는 대부분 야간에 인공조명 아래에서 발견되었답니다!

생물도감 TIP

영양사슴하늘소의 감춰진 능력!

영양사슴하늘소는 비행 실력이 아주 뛰어나요! 손바닥 위에 올려놓으면 순식간에 날아갈 수 있으니 주의해야 해요.

채집 포인트 동해안 산간 지역의 인공조명을 살펴보자.

난이도 ★★★★★

숲속의 청소부
검정송장벌레

이것 좀 봐! 여기 죽은 짐승을 먹는 곤충이 있어!

잘근잘근~

썩은 고기가 세상에서 제일 맛있어~

보기보다 이로운 곤충이었어!

동물의 사체를 먹고 살기 때문에 **숲속의 청소부**라는 별명을 가지고 있어! 이 습성을 활용해서 범죄 수사에서는 사체의 사망 시간을 알아내는 데 쓰이기도 한대!

훗!

악취를 풍기는 곤충으로도 유명해! 위협을 느끼면 입에서 **고약한 냄새**가 나는 액체를 뿜어내거든!

나는야, 검정송장벌레! 커다란 눈과 날카로운 이빨을 가졌지. 내 더듬이 끝은 주황색 마디로 되어 있어!
검고 둥근 몸체 때문에 사슴벌레 암컷과 닮았다고 생각할 수도 있어. 하지만 난 **엉덩이 끝이 뾰족**하게 튀어나와 있지!

으악!

우리가 닮았니?

몸에 여러 마리의 **진드기**를 붙이고 다녀. 진드기는 송장벌레의 몸을 이동 수단으로 활용한다고 알려져 있어.

기사님~ 다음 정거장에서 내려 주세요~

- ☑ 분류 송장벌레과
- ☑ 크기 30~45mm
- ☑ 먹이 짐승이나 곤충 등의 사체
- ☑ 서식지 한국, 일본, 중국 등
- ☑ 활동 시기 5~10월
- ☑ 특징 동그란 가슴판과 뾰족한 엉덩이, 끝이 붉은 더듬이!

태어날 때부터 사체를 먹는다니!

음뇸뇸~

암컷은 **동물의 사체 속에 알을 낳아**. 놀라운 건 부화한 애벌레도 사체를 먹는다는 사실!

고약한 냄새를 풍기지만
알고 보면 이로운 곤충!
검정송장벌레를 찾아보아요!

검정송장벌레는 야생 동물이 살고 있는 곳이라면 전국의 숲속 어디에서나 쉽게 볼 수 있어요!

주변의 숲 아무 곳이나 가면 된다는 이야기?

숲속에서 동물 사체 찾는 게 더 힘들 것 같은데?ㅜㅜ

검정송장벌레는 부패가 진행되는 동물의 사체에 모여든다는 사실! 잊지 않았죠? 그렇기 때문에 검정송장벌레를 찾기 위해서는 동물의 사체를 찾는 것이 먼저!

고기를 양보하다니, 내가 이렇게 곤충에 진심이다!

생물도감 TIP

검정송장벌레는 불빛을 좋아해요! 검정송장벌레는 야행성이기 때문에 산속의 인공조명 아래에서 쉽게 볼 수 있다는 사실!

다 방법이 있죠! 핏폴 트랩(Pitfall trap)이라고 불리는 트랩을 설치해 보세요! 종이컵이나 반찬 통에 삼겹살이나 생닭 등을 미끼로 넣은 뒤 땅에 구멍을 파서 묻어 보세요. 며칠 기다리면 송장벌레가 잡혀 있을 거예요!

채집 포인트 고기를 이용한 핏폴 트랩과 인공조명!

난이도 ★★★☆☆

TV생물도감이 여러분을 위해 준비한
깜짝 선물!

여러분! 브로마이드를 크~게 펼쳐 보아요.
책에서 만난 곤충들 중 30마리를 골라 한곳에 모아 두었어요!
큰 소리로 읽으며 나의 최애 곤충을 찾아보아요!

나의 최애 곤충은
누~구?